21세기 패러다임을 이끌 인재양성을 위한 기초 교양도서

기초 정수론과 파이썬

최근배, 최은선, 박남제 지음

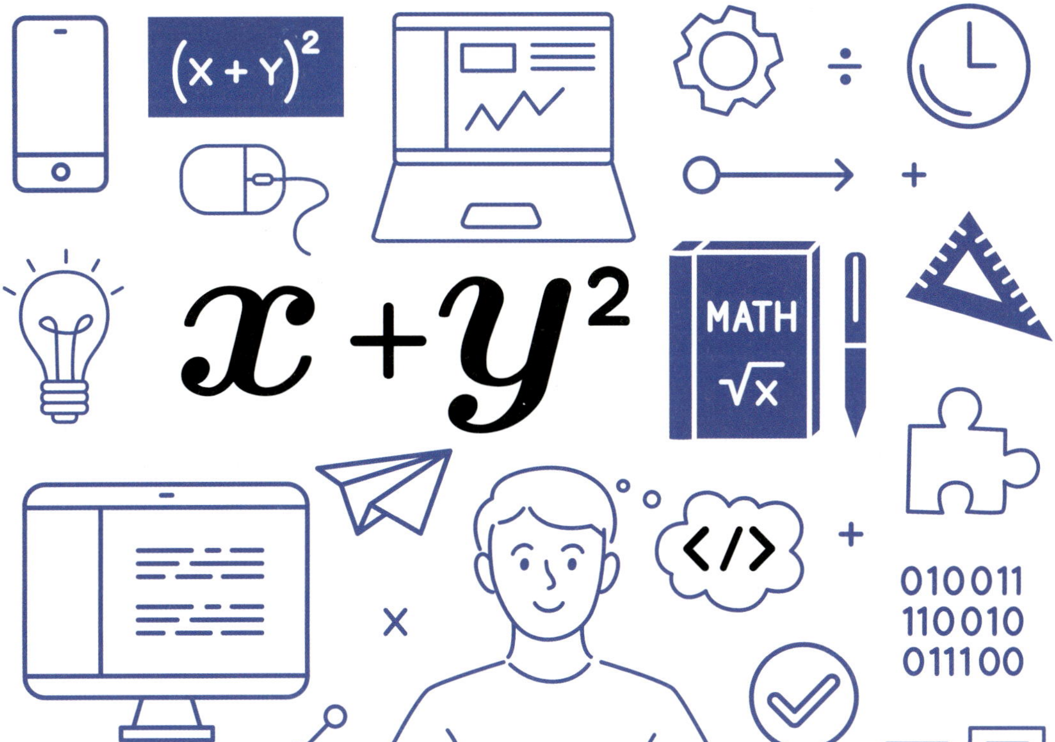

// Python
// Programming
// Number Theory

도서출판 홍릉

머리말

미래 사회는 끊임없는 혁신과 변화의 흐름에 휩싸여 있다. 정보통신기술Information and Communicatinos Technology, ICT의 융합은 산업, 경제, 교육, 사회의 모든 영역에 혁명적인 변화를 가져오고 있으며, 이러한 변화에 발맞추기 위해서는 창의적이고 융합적인 사고를 갖춘 인재들이 필수적이다. 다가올 미래 사회에서는 지식과 기술의 폭발적인 발전으로 많은 과제들이 도전적으로 다가올 것이며, 이러한 도전에 대응하기 위해서는 지식과 기술뿐만 아니라 예측할 수 없는 문제에 대한 문제해결력과 창의적 사고가 강화된 인재 양성이 요구된다.

이를 위해 세계 각국에서는 교육 시스템의 개혁과 더불어 코딩기반 소프트웨어 교육을 강화하고 있다. 코딩은 단순히 프로그램을 작성하는 기술을 넘어서, 논리적 사고와 문제 분석 능력, 창의적인 해결책 도출에 도움을 주는 강력한 도구로 자리 잡고 있다. 많은 선진국들이 코딩을 학교 교육과정에 통합하고 있다. 영국은 2014년을 '코드의 해'로 지정하고 정규 교육과정에 코딩을 포함하도록 교과과정을 개편했다. 이에 따라 6세에서 15세 사이의 학생들은 단순 디지털 리터러시 교육이 아닌 컴퓨터 프로그램을 제작하는 전문적인 교육을 받게 된다. 에스토니아는 초등학교 1학년부터 코딩을 학습하고 있는데 이 덕분에 에스토니아의 별명이 e-스토니아e-STonia로 불릴 만큼 ITInformation Technology 강국이 되었다. 핀란드에서도 2016년 코딩 교육이 의무화되었다. 핀란드의 초등학교 1~2학년은 논리적으로 생각하는 방법이나 명령을 정확하게 전달하는 법 등의 기초로 시작하여 초등학교 3학년부터는 컴퓨터를 활용하여 코딩을 본격적으로 학습하기 시작한다.

그러나 IT 강국으로 꼽히는 우리나라는 의외로 2025년부터 초등학교와 중학교에서 코딩 교육의 의무화될 전망이다. 정부는 2022년부터 2026년까지 인공지능과 사물인터넷과 같은 첨단 분야의 인력 100만 명을 양성할 계획을 밝혔다. 교육부의 발표 내용에 따르면 2025년부터 정보 수업 시간은 현재의 2배인 초등학교 34시간, 중학교 68시간으로 확대될 것이며 학교 재량에 따라 초등학교는 5학년이나 6학년, 중학교는 1학년~3학년 중 일부에 코딩 수업이 편성된다. 영재학교나 과학고등학교도 인공지능 특화 교육 과정을 늘리고 일반학교의 영재 학급도 확대할 방침이라고 한다. 우리나라는 2022년부터 2026년까지 약 74만 명의 디지털 부문 인력이 필요할 것으로 추산되고 지금까지의 추세로 보면 필요 인력 대비 25만 명이 부족할 것으로 예상된다. 정부에서 100만 디지털 인재 양성을 추진하는 것은 이러한 배경 때문이다. 이에 우리나라에서도 코딩을 포함하는 정보교육을 적극적으로 추진해야 한다. 특히 파이썬과 같은 친근하고 간결한 언어는 입문자들에게 쉽게 접근할 수 있는 플랫폼을 제공하고 있으며, 이를 통해 학습자들은 코딩의 기초를 습득하면서 논리적이고 창의적인 사고를 함양할 수 있다고 알려져 있다.

이 책은 미래를 이끌어갈 창의적이고 융합적인 사고를 갖춘 인재들을 양성하기 위해 기획되었고 특히 예비교원을 포함하는 현직 수학 교사, 파이썬 입문자 등을 대상으로 한다. 제1부에서는 파이썬을 활용한 코딩의 기초를 소개한다. 제2부에서는 장마다 재미있는 수학 이야기로 시작하며, 이를 통해 정수론의 내용을 다루고 있다. 수학은 문제 해결과 추상적 사고를 촉진하는데 매우 유용한 학문이며, 파이썬을 활용하여 수학적 문제를 풀어내는 과정은 논리적인 사고력과 창의적인 문제 해결력을 동시에 키우는 데에 탁월한 기회를 제공한다.

미래 사회에서는 단순한 지식의 습득이 아니라 문제를 창의적으로 해결하고 새로운 방법과 아이디어를 도출하는 능력이 요구될 것이다. 이 책은 이러한 요구에 부응하고, 독자들이 미래 사회의 도전을 주도할 수 있도록 도와줄 것이다. 이 책을 통해 독자들은 파이썬 프로그래밍과 수학적 이론을 융합시켜 실제 상황에서 문제를 해결하는 능력을 함양하게 될 것이다.

미래는 불확실하지만, 우리가 지금 적극적인 노력을 기울여 준비한다면 미래는 더욱 밝고 성공적일 것으로 믿는다. 이 책이 여러분에게 미래의 가능성과 성장의 기회를 제공하며 즐거운 경험을 선사해주기를 바라며, 여러분의 꿈과 열정을 응원한다.

저자 최근배, 최은선, 박남제

알아두기

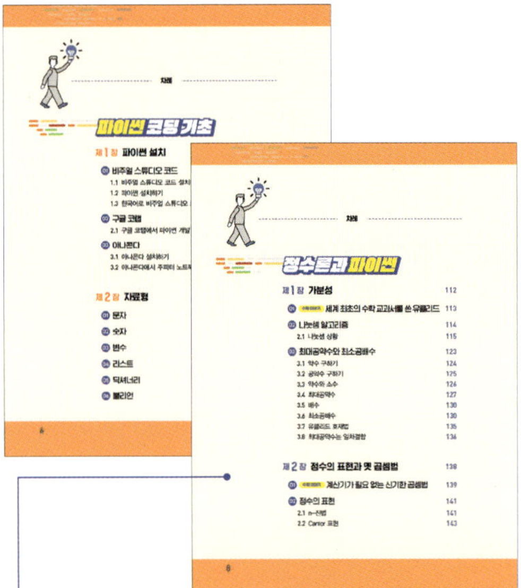

이 책은 크게 제1부 파이썬 코딩 기초와 제2부 정수론과 파이썬, 총 2부로 구성되어 있다. 제1부에서는 파이썬의 기초를 이해할 수 있도록 데이터, 조건문, 반복문, 함수 등을 이해하고 표현하는 방법을 알아본다. 제2부에서는 전산학, 컴퓨터과학, 암호학 등 응용 분야에 기초 이론으로 여겨지는 정수론에 관한 여러 지식을 파이썬을 통해 정의와 정리를 이해하는 데 도움을 줄 수 있도록 구성하였다.

제1부의 제1장 파이썬 설치는 대표적으로 파이썬을 설치하고 사용하기 위해 환경을 구축하는 세 가지 방법을 소개하였다. 이 책에서는 비주얼 스튜디오 코드, 구글 코랩, 아나콘다를 선정하였다. 물론 본인의 컴퓨터에 다른 방법으로 파이썬 개발 환경을 구축해두었다면 이 부분은 넘어가도 좋다.

제1부의 예제들은 손코딩으로 먼저 코딩해보고 구글 코랩으로 파이썬을 통해 직접 코딩할 수 있도록 설계했다. 회색으로 칠해진 부분에는 손코딩을 해보고 파이썬에 자신이 손으로 직접 작성해본 프로그램을 코랩에서 작성해본다. 마지막으로 정답과 자신이 작성한 프로그램을 비교해본다. 정답을 먼저 가리고 손코딩을 해보면 더욱 재미있다. 일부 예제는 해설이 필요한 경우가 있어 해설을 제공하기도 하였다. 그리고 코랩 외에도 다른 개발 환경에서 실습해도 상관없다.

예제 2.7

문자 데이터로 10과 3을 더하면 어떻게 될까? 아래 빈칸에 손코딩을 해보고 출력 결과를 예측해보자. 그리고 코랩으로 코딩해보자.

정답

```
print('10'+'3')
```

```
103
```

해설 숫자 데이터에서 덧셈 표시(+)는 앞의 수와 뒤의 수를 더해주는 역할을 하지만 문자 데이터에서는 앞 문자와 뒷 문자를 연결하는 역할을 한다. 따라서 10과 3을 붙여서 103이라는 결과를 나타내는 것이다.

제2부의 예제들은 정수론의 여러 정의와 정리에 대한 이해를 돕는 수준에서 작성되었으므로 답을 요하는 문제가 아닌 경우가 많다. 혹 답이나 해설이 필요한 경우에는 출판사를 통해 저자에게 요청하기 바란다.

예제 1.1

다음은 초등수학 교과서에 나오는 몫과 나머지의 약속하기이다. 여기서 나타날 수 있는 오개념을 생각해보자.

19를 5로 나누면 몫은 3이고 4가 남습니다.

이때 4를 19÷5의 나머지라고 합니다.

19÷5=3⋯4

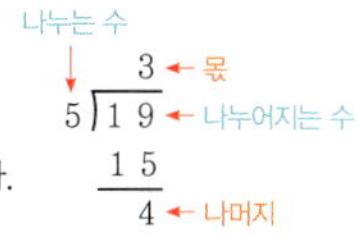

나머지가 없으면 나머지가 0이라고 말할 수 있습니다.

나머지가 0일 때, 나누어떨어진다고 합니다.

제1부에서 구글 코랩을 활용하여 설명했다면 제2부에서는 쉘(Shell)을 사용하였다. 참고하기 바란다.

예제 1.5

두 수 754, 66 의 최대공약수와 정리 1.3에서 처럼 s 와 t 를 찾아라.

11	754	66	2
	726	56	
2	28	10	1
	20	8	
4	8	2	
	8		
	0		

a_i	11	2	2	1		
s_i	1	0	1	−2	5	−7
t_i	0	1	−11	23	−57	80

$\gcd(754, 66) = 2 = 754 \cdot (-7) + 66 \cdot 80$

제1부와 제2부의 코드들은 독자의 편의를 위하여 출판사 홈페이지에서 소스코드를 제공한다. 독자들은 소스코드를 내려받아 개발 환경에서 열면 각 코드들을 실행해볼 수 있다. 소스코드를 내려받는 방법은 도서출판 홍릉 홈페이지(http://www.hongpub.co.kr/shop/)를 방문하여 검색어에 기초 정수론과 파이썬을 검색한 후 보조자료 다운을 클릭하면 된다. 보조자료는 회원 가입을 따로 하지 않아도 내려받을 수 있다.

n-진법을 10진법으로

```
def n_ten(a, n):    # a는 n-진법 ---> 10 진법
    s = str(a)
    L = list(s)
    m = len(L)
    M = []

    for i in range(0, m):
        M.append(int(L[i]) * n ** (m-1-i))

    print(sum(M))


>>> n_ten(101100001, 2)
353
>>> n_ten(1210201, 3)
1315
>>> n_ten(23242, 5)
1697
```

차례

파이썬 코딩 기초

차례

정수론과 파이썬

차례

제 7 장 암호체계

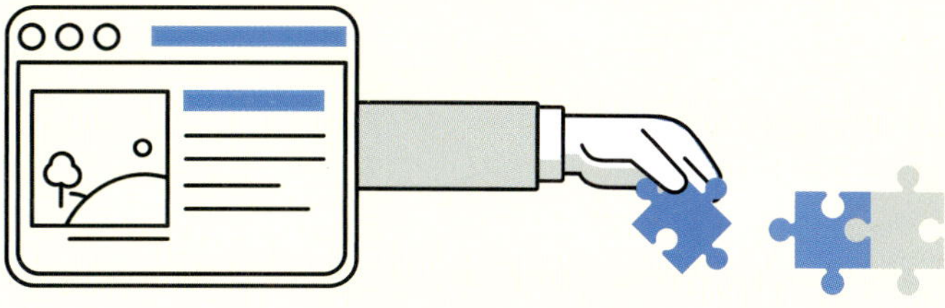

파이썬 코딩 기초

</> — O X

제 1 장

파이썬 설치

파이썬을 사용해서 개발을 시작하기 위해서는 이에 맞는 환경 구축이 필요하다. 파이썬은 다양한 경로를 통해 설치할 수 있지만 이 책에서는 대중적으로 가장 많이 활용되는 방법 3가지를 소개한다.

01 비주얼 스튜디오 코드

비주얼 스튜디오 코드Visual Studio Code는 마이크로소프트에서 오픈소스로 개발한 텍스트 에디터이다. 이 에디터는 윈도, Mac, 리눅스 운영체제 모두에서 사용할 수 있으며 파이썬뿐만 아니라 자바스크립트, C, C#, 파워셸 등 수많은 언어를 지원한다. 마이크로소프트에서는 비주얼 스튜디오 코드와 비슷한 비주얼 스튜디오도 개발했는데 비주얼 스튜디오보다 좀 더 가볍고 가볍게 체험해보기를 원하는 사용자들은 비주얼 스튜디오 코드를 선호한다. 여기에서는 파이썬으로 대형 프로젝트를 개발하기보다는 체험과 교육을 목적으로 하고 있으므로 비주얼 스튜디오 코드의 설치 방법을 안내한다.

그림 1.1.1 비주얼 스튜디오 코드

1.1 비주얼 스튜디오 코드 설치하기

❶ 인터넷 주소창에 다음과 같이 입력하여 다운로드 사이트에 접속한다. https://visualstudio.microsoft.com/ko/downloads/

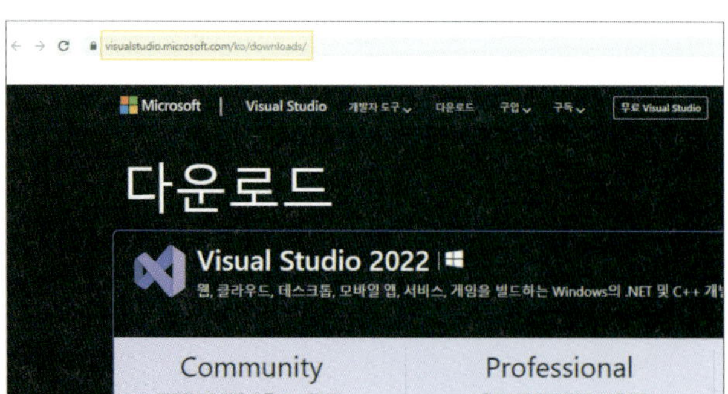

그림 1.1.2 비주얼 스튜디오 코드 다운로드 화면-1

❷ 페이지 하단 우측 Visual Studio Code 섹션을 보면 파란색 무료 다운로드 버튼 옆 화살표가 있다. 화살표 위로 커서를 올려 본인에게 맞는 운영체제의 버전을 클릭한다.

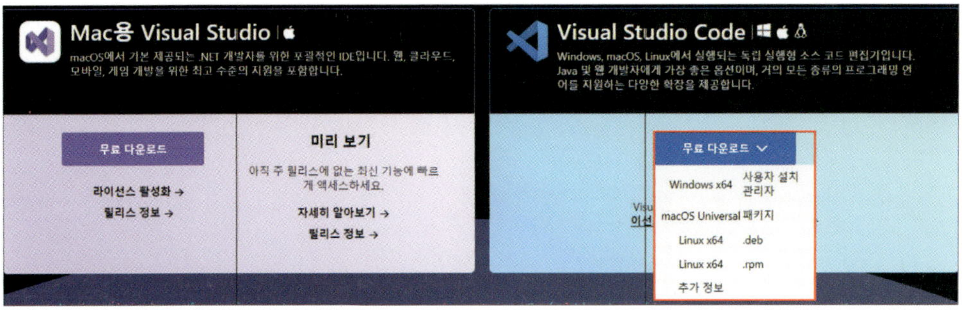

그림 1.1.3 비주얼 스튜디오 코드 다운로드 화면-2

❸ 마이크로소프트 소프트웨어 라이선스 계약서를 읽어보고 이에 동의한다면 동의합니다(A)를 클릭하고 다음 버튼을 클릭한다.

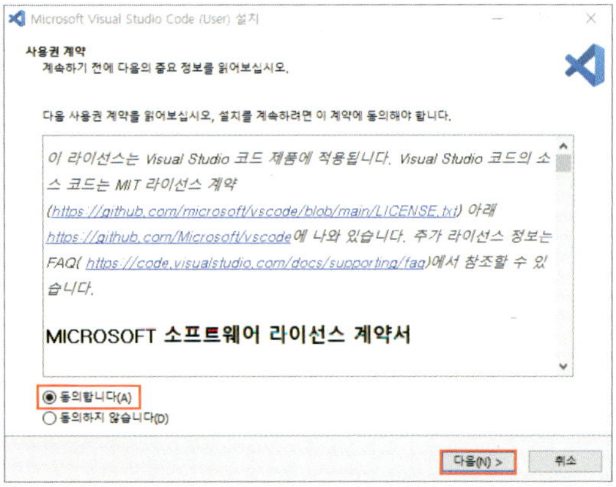

그림 1.1.4 비주얼 스튜디오 코드 다운로드 화면-3

❹ 찾아보기를 클릭하여 소프트웨어 저장을 원하는 폴더를 선택한 후 확인 -> 다음 버튼을 클릭한다.

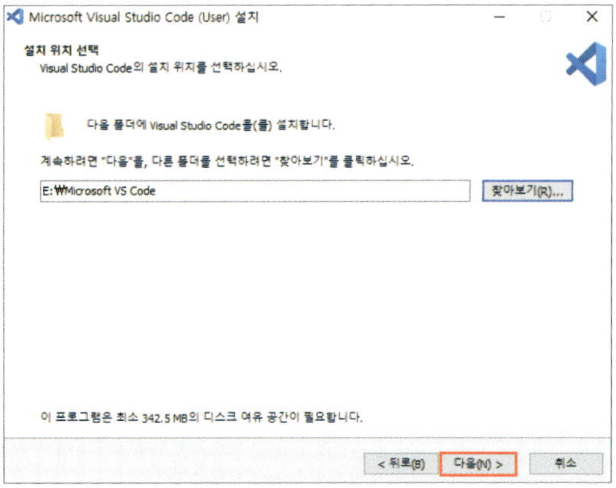

그림 1.1.5 비주얼 스튜디오 코드 다운로드 화면-4

❺ 찾아보기를 클릭하여 바로가기를 위치하고 싶은 폴더를 지정하고 다음을 클릭한다.

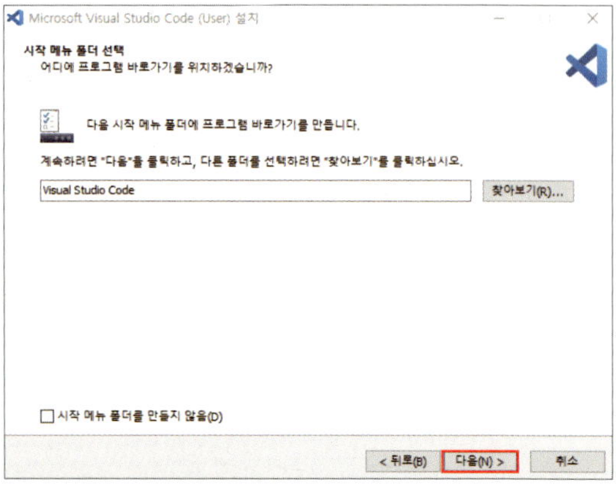

그림 1.1.6 비주얼 스튜디오 코드 다운로드 화면-5

❻ 원하는 추가 작업을 선택한 후, 다음을 클릭한다.

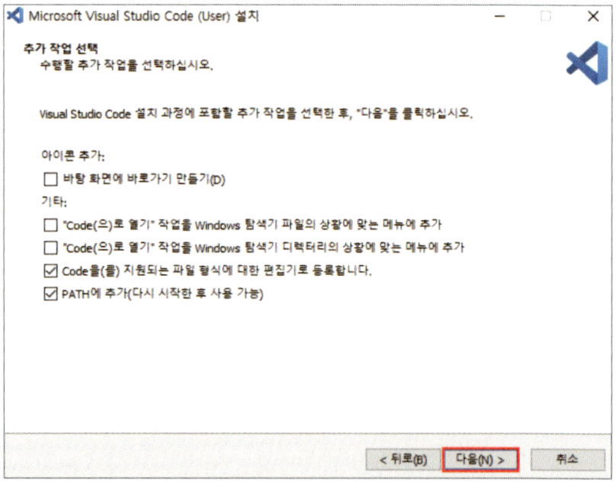

그림 1.1.7 비주얼 스튜디오 코드 다운로드 화면-6

❼ 설치 버튼을 클릭하여 설치를 마무리한다.

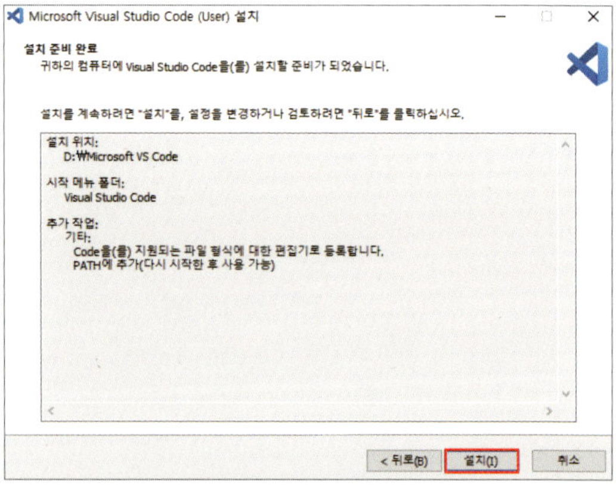

그림 1.1.8 비주얼 스튜디오 코드 다운로드 화면-7

❽ 종료 버튼을 클릭하고 비주얼 스튜디오 코드를 실행한다.

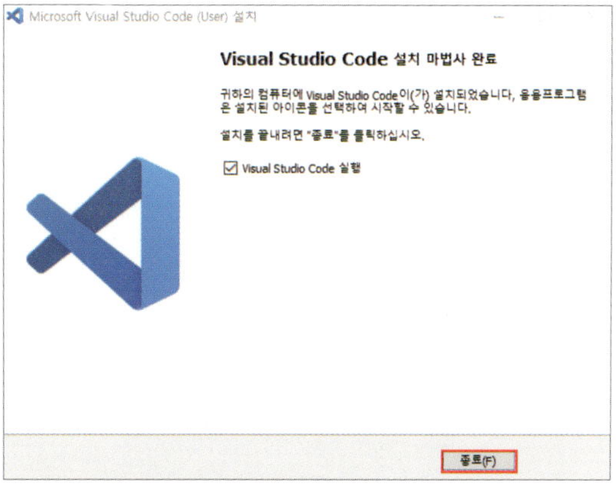

그림 1.1.9 비주얼 스튜디오 코드 다운로드 화면-8

1.2 파이썬 설치하기

❶ 비주얼 스튜디오 코드를 실행하면 나오는 첫 화면에서 좌측 상단의 Extensions 버튼을 클릭한다.

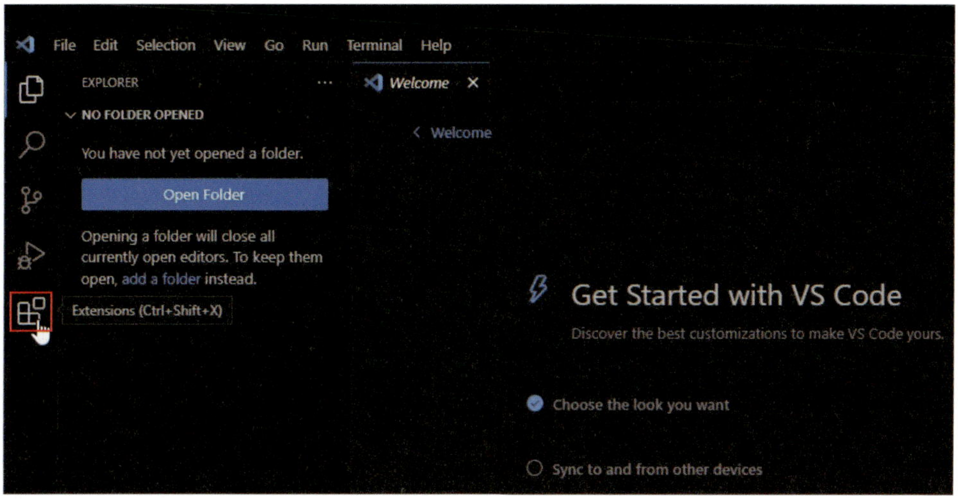

그림 1.1.10 비주얼 스튜디오 코드 파이썬 설치 화면-1

❷ 좌측 상단 Search Extensions in Marketplace 칸에 Python 이라고 입력하고 파란색 Install 버튼을 클릭한다. 혹은 바로 아래 POPULAR에 Python 이 있다면 바로 파란색 Install 버튼을 클릭한다.

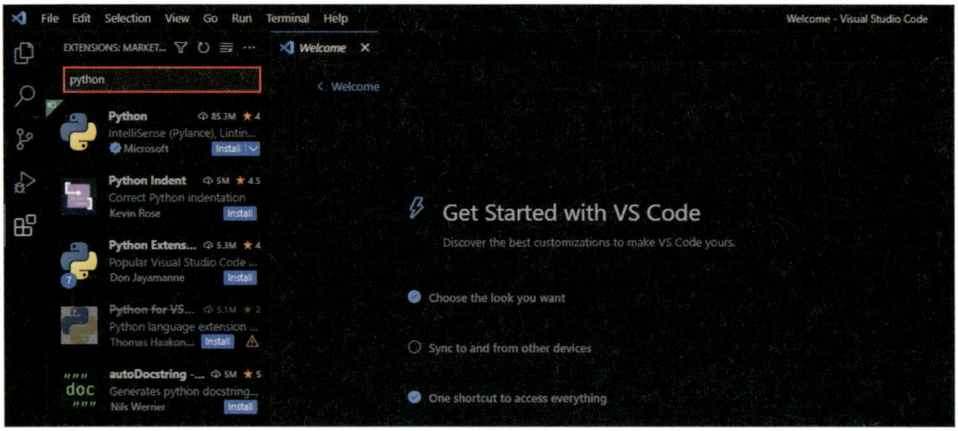

그림 1.1.11 비주얼 스튜디오 코드 파이썬 설치 화면-2

❸ Create Python File을 클릭하면 우측에 코드를 입력할 수 있는 공간이 나온다. 이렇게 되면 파이썬 사용을 위한 준비가 완료된 것이다.

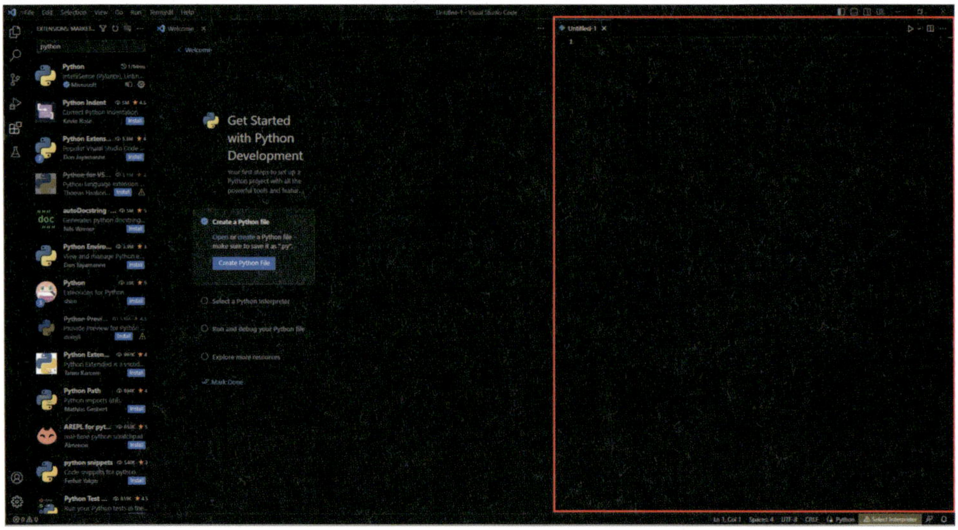

그림 1.1.12 비주얼 스튜디오 코드 파이썬 설치 화면-3

1.3 한국어로 비주얼 스튜디오 코드 사용하기

❶ 파이썬 설치할 때 사용했던 Extensions에서 Search Extensions in Marketplace 칸에 Korean 이라고 입력하면 Korean Language Pack for Visual Studio Code 가 확인되며 파란색 Install 버튼을 클릭한다.

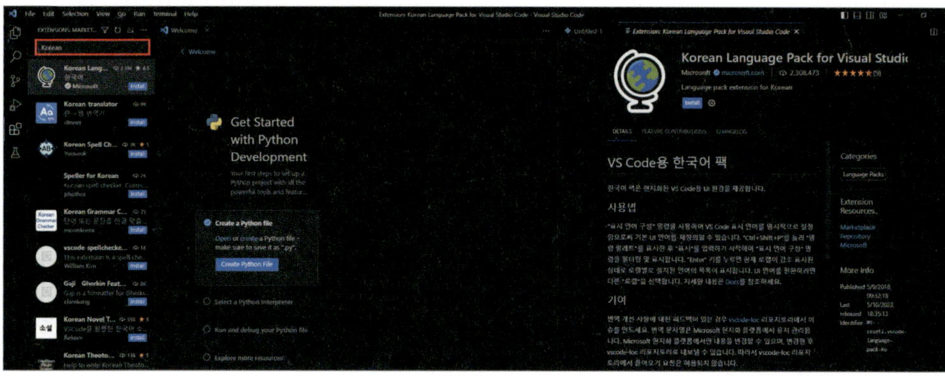

그림 1.1.13 비주얼 스튜디오 코드 한국어 팩 설치 화면–1

❷ 우측 하단의 Change Language and Restart를 누르면 프로그램이 재시작되면서 한국어로 변경된 비주얼 스튜디오 코드를 사용할 수 있다.

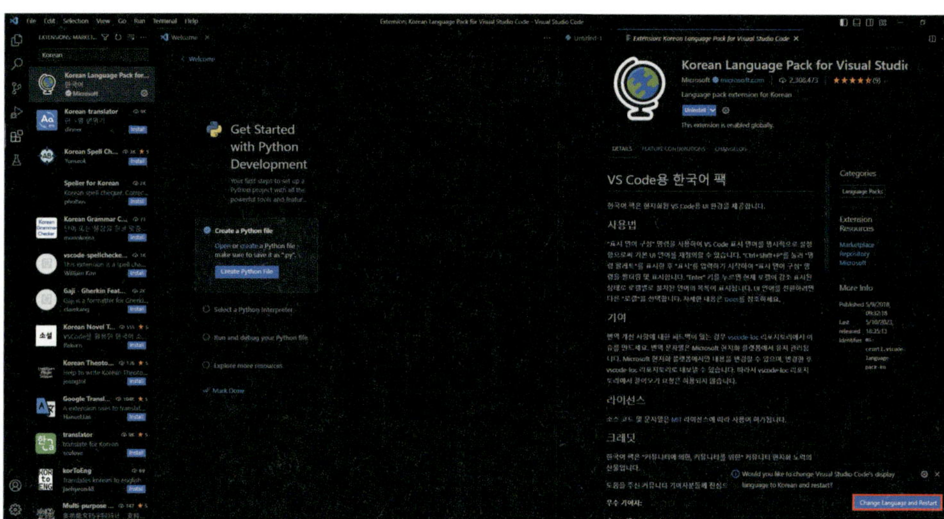

그림 1.1.14 비주얼 스튜디오 코드 한국어 팩 설치 화면–2

02 구글 코랩

구글 코랩[Google Colab]은 Google Colaboratory를 줄여서 부르는 말이다. 이름에서 알 수 있듯이 구글에서 개발된 에디터로 클라우드 기반의 개발환경이다. 이 프로그램은 별도의 설치 없이 웹사이트에 접속만 하면 사용이 가능한 것이 특징이다. 구글에서는 학생, 데이터 과학자, 인공지능 연구원 등 많은 사람을 대상으로 무료로 배포했으며 연구 및 교육용으로 자주 활용된다. 클라우드 기반으로 만들어졌기 때문에 다수의 사용자가 동시에 접속하여 코드를 수정할 수 있고 인터넷만 있으면 어디에서든 사용할 수 있다. 심지어 모바일에서도 코드 수정이 가능하다. 다만 런타임 연결 제한시간이 12시간이기 때문에 저장하지 않은 데이터가 12시간이 지나 세션이 끊기면 다 날아가는 불상사가 생길 수 있다. 이를 방지하기 위해 소스코드나 학습 데이터는 구글 드라이브에 보관할 것을 권한다.

그림 1.1.15 구글 코랩

2.1 구글 코랩에서 파이썬 개발 환경 구축하기

❶ 인터넷 주소창에 아래와 같이 입력하여 사이트에 접속한다. 이때 구글 크롬에서 본인의 계정으로 로그인되어있는 상태로 시작하는 것을 추천한다.

https://colab.research.google.com/?hl=ko

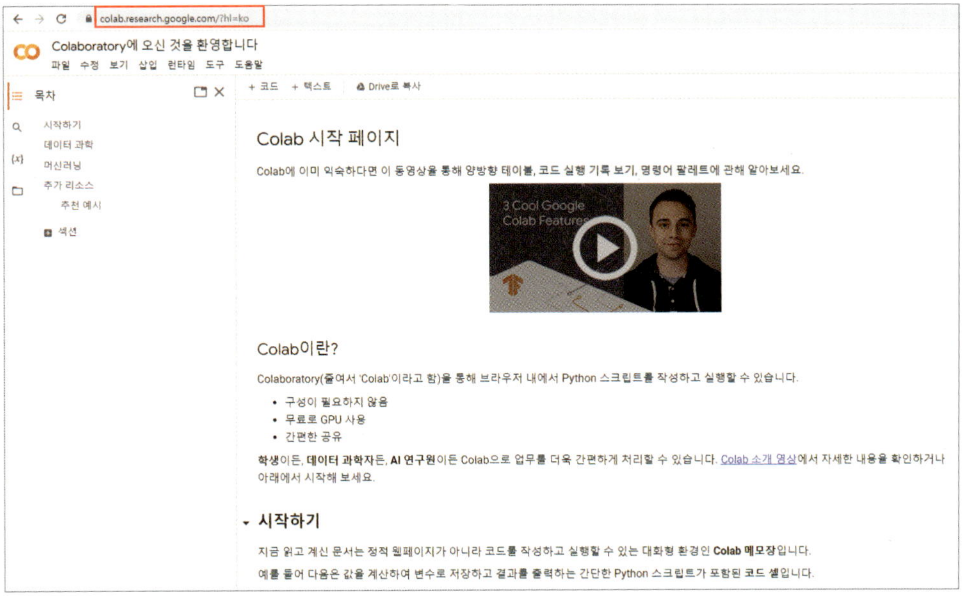

그림 1.1.16 구글 코랩 화면-1

❸ 좌측 상단 파일 탭을 클릭하고 새 노트를 클릭한다.

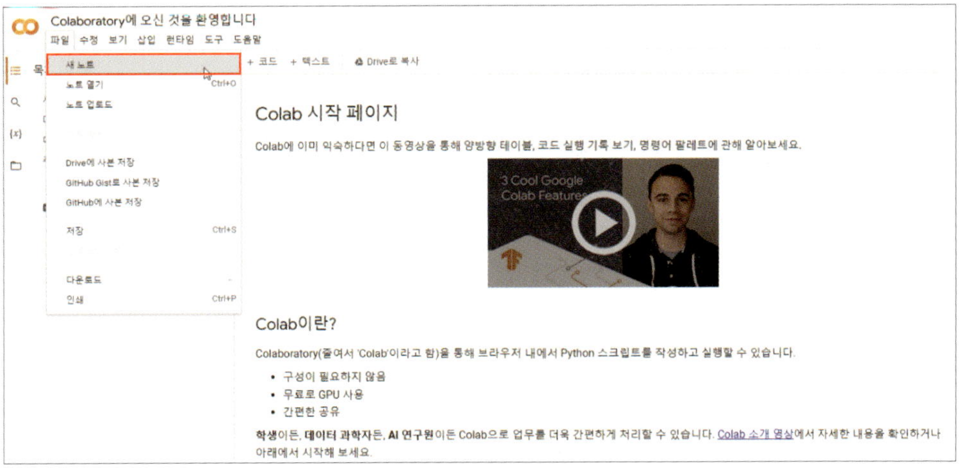

그림 1.1.17 구글 코랩 시작화면-2

❸ 다음과 같은 화면이 나오면 준비가 완료된 것이다.

그림 1.1.18 구글 코랩 시작화면-3

❹ 작성한 코드는 변경될 때마다 자동으로 본인이 연동한 구글 계정 드라이브에 저장된다.

그림 1.1.19 구글 코랩 시작화면-4

03 아나콘다

아나콘다Anaconda는 아나콘다 前 Continuum Analytics에서 개발한 플랫폼으로 윈도, Mac, 리눅스 운영체제 모두에서 사용할 수 있다. 이 소프트웨어를 설치하면 200개 이상의 패키지가 자동으로 설치되어 파이썬에서 함수를 직접 구현하지 않고 편리하게 가져다 쓸 수 있다. 또한 무료로 배포되기 때문에 누구나 쉽게 사용하고 접근할 수 있다. 특히 개인용과 상업용 모두 무료로 사용할 수 있어 기업에서도 이를 기본 파이썬 환경으로 사용하기도 한다.

아나콘다를 설치하면 기본적으로 주피터 노트북Jupyter Notebook도 함께 설치되는데 이를 커스터마이징한 것이 구글 코랩이다. 주피터 노트북은 파이썬 외에도 R, 자바, 자바스크립트, C, C++, 줄리아 등 40개 이상의 프로그래밍 언어를 지원한다. 이를 사용하면 작성한 코드의 수정 결과를 실시간으로 확인할 수 있고 여러 패키지를 통해 데이터를 시각화하기 편리하다는 장점이 있다. 하지만 실행 시간이 비교적 느리고 여러 사용자가 동시에 동일한 노트를 수정하면 충돌이 발생할 수도 있다는 단점이 있다. 참고로 비주얼 스튜디오 코드에서도 주피터 노트북을 사용할 수 있다.

그림 1.1.20 아나콘다

3.1 아나콘다 설치하기

❶ 인터넷 주소창에 아래와 같이 입력하여 다운로드 사이트에 접속한다. https://www.anaconda.com/download

그림 1.1.21 아나콘다 다운로드 화면-1

❷ 가운데 녹색 Download 버튼을 누르면 자동으로 설치가 시작된다.

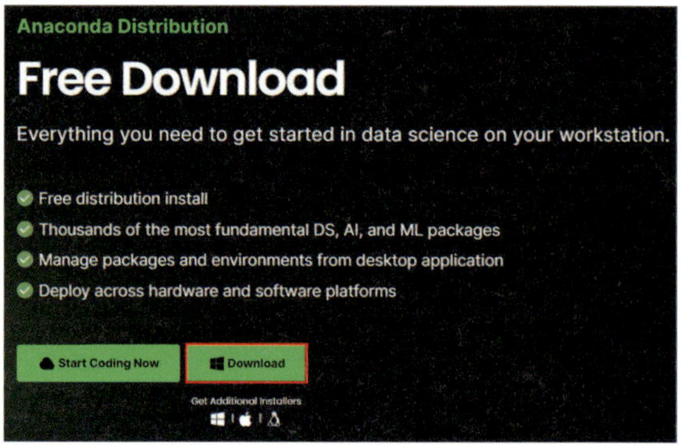

그림 1.1.22 아나콘다 다운로드 화면-2

❸ Next 버튼을 클릭한다.

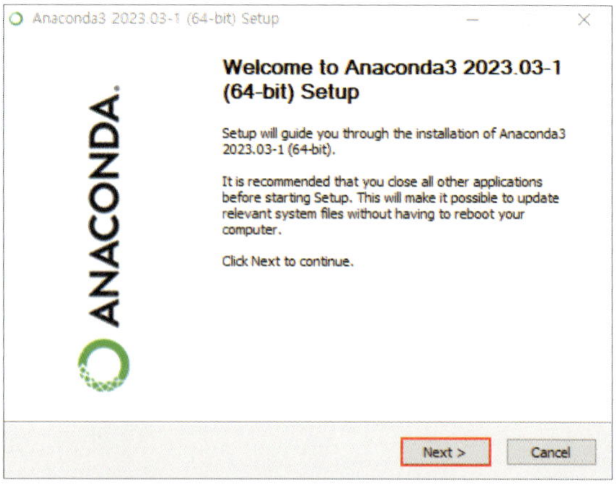

그림 1.1.23 아나콘다 다운로드 화면-3

❹ License Agreement를 읽고 동의하면 I Agree 버튼을 클릭한다.

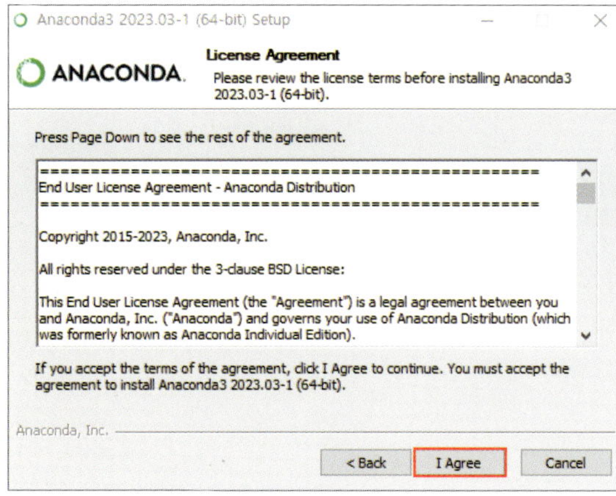

그림 1.1.24 아나콘다 다운로드 화면–4

❺ 사용 주체를 선택하고 Next 버튼을 클릭한다.

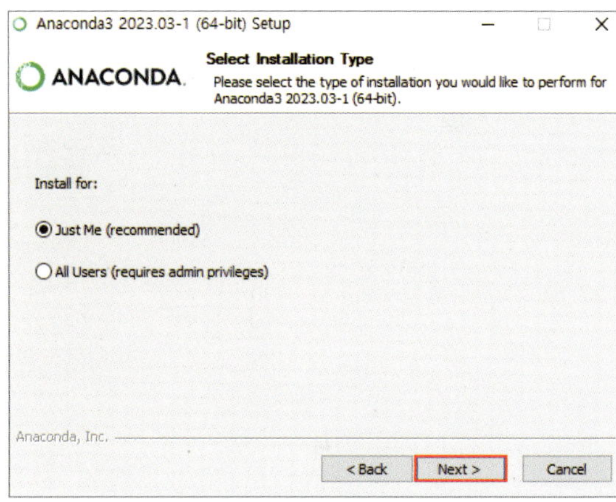

그림 1.1.25 아나콘다 다운로드 화면–5

❻ Browse...를 클릭하여 프로그램 저장 위치를 선택하고 Next 버튼을 클릭한다.

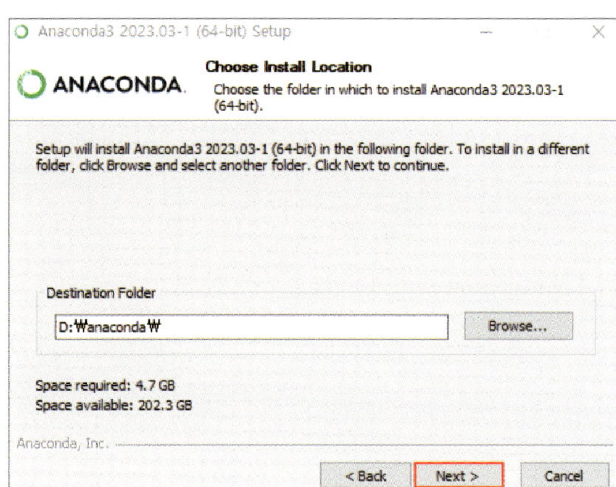

그림 1.1.26 아나콘다 다운로드 화면–6

❼ 원하는 기능을 추가하고 Install 버튼을 클릭한다.

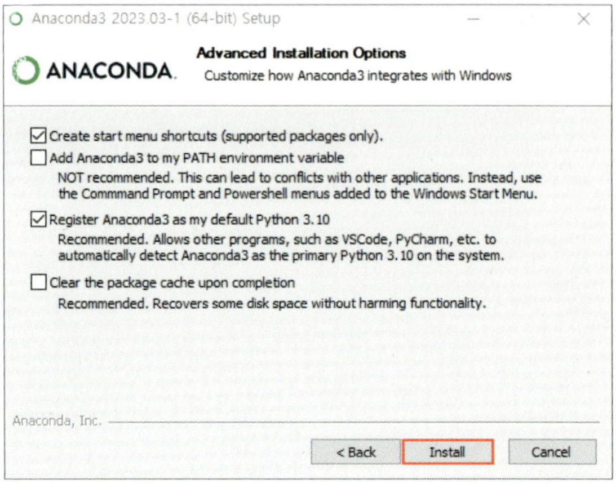

그림 1.1.27 아나콘다 다운로드 화면-7

❽ 설치가 완료되면 Next 버튼을 클릭한다.

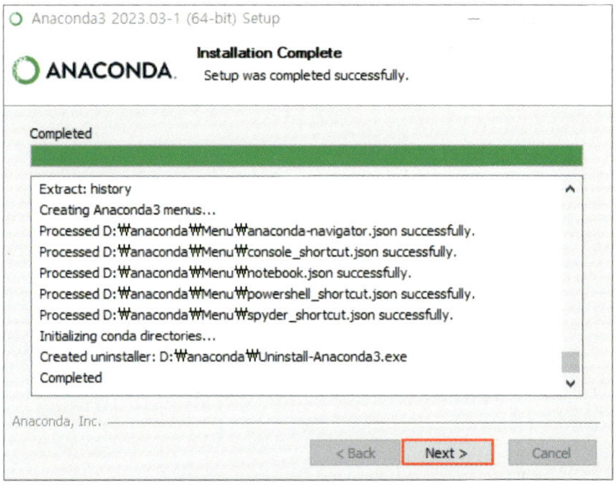

그림 1.1.28 아나콘다 다운로드 화면-8

❾ 마찬가지로 Next 버튼을 클릭한다.

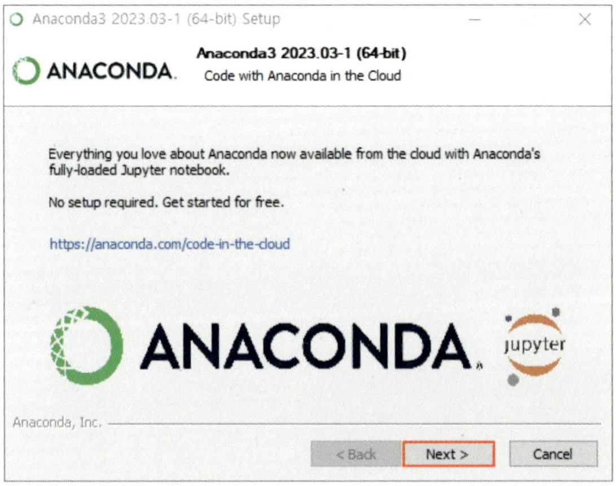

그림 1.1.29 아나콘다 다운로드 화면-9

⑩ 설치 마무리를 위해 Finish 버튼을 클릭한다.

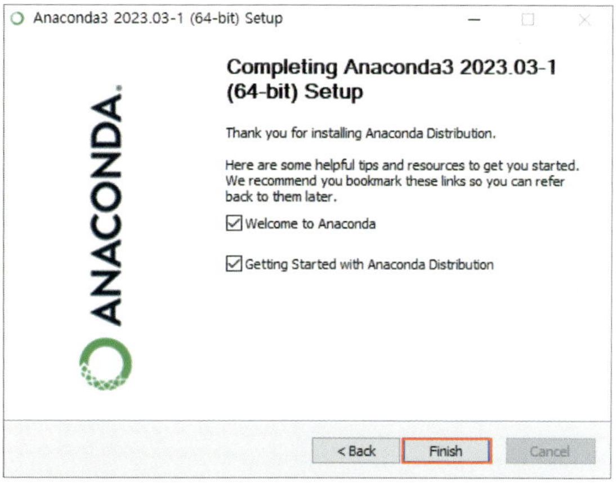

그림 1.1.30 아나콘다 다운로드 화면-9

3.2 아나콘다에서 주피터 노트북 사용하기

① 아나콘다 설치 후 Anaconda Navigator 바로가기를 더블클릭하면 아래와 같은 화면이 나온다.

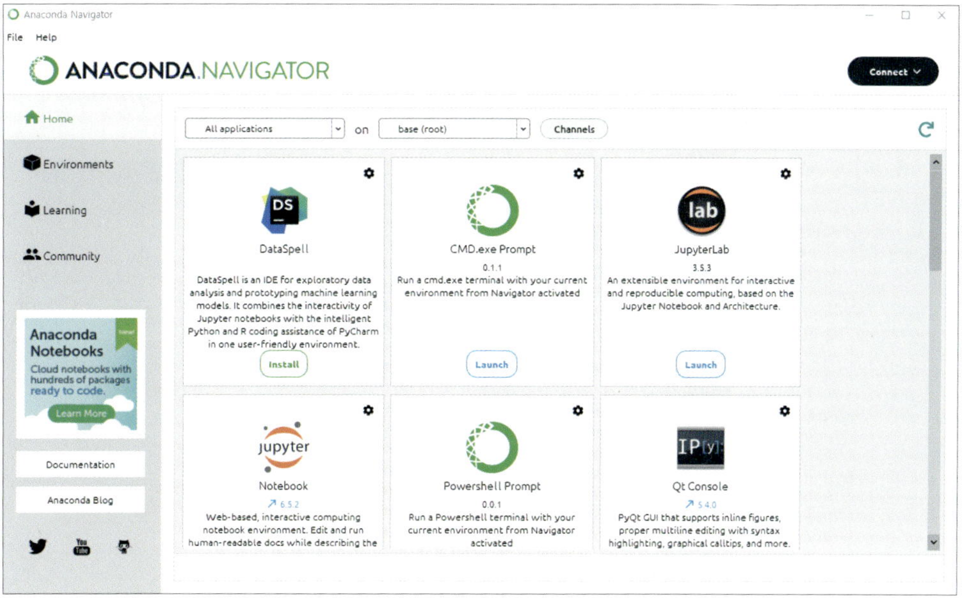

그림 1.1.31 아나콘다 주피터 노트북 사용 화면-1

② 중간 부분에 있는 Jupyter Notebook의 Launch를 클릭한다.

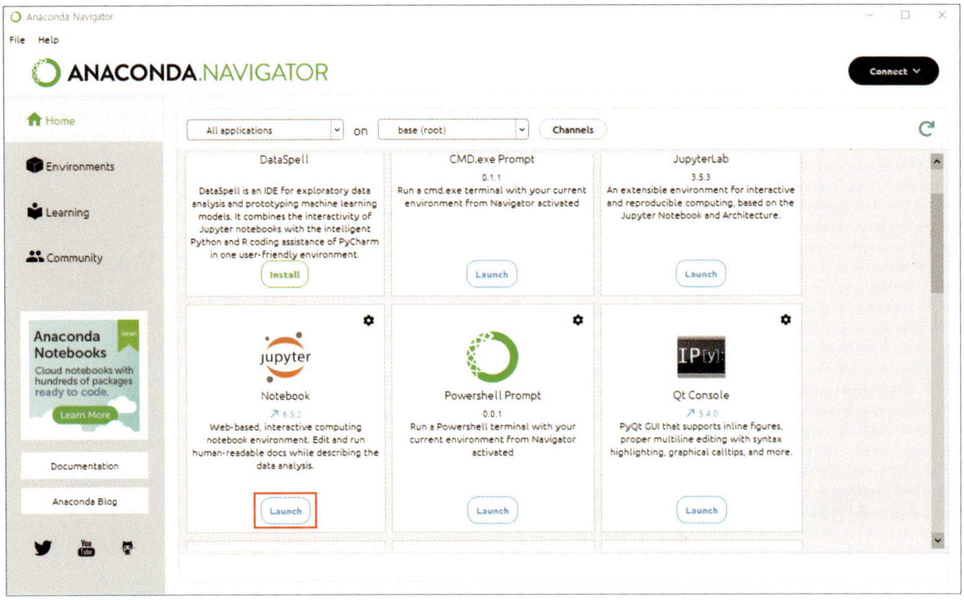

그림 1.1.32 아나콘다 주피터 노트북 사용 화면–2

③ 파일을 열 때 사용할 앱을 선택한다. 원하는 환경을 선택하고 확인을 클릭한다.

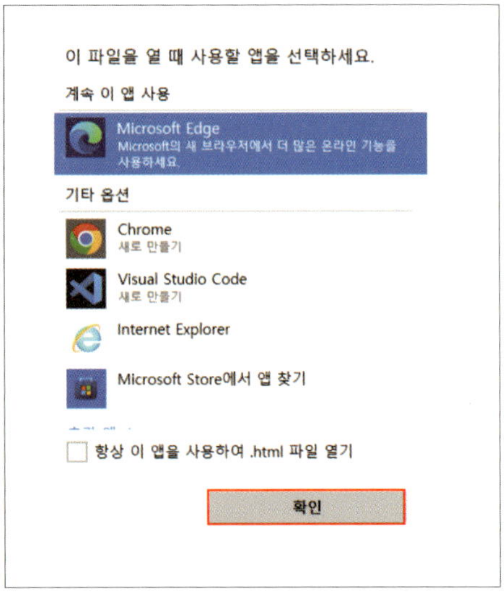

그림 1.1.33 아나콘다 주피터 노트북 사용 화면–3

❹ 새롭게 열린 창에서 우측 상단에 있는 New를 클릭하고 Python 3 (ipykernel)을 클릭한다.

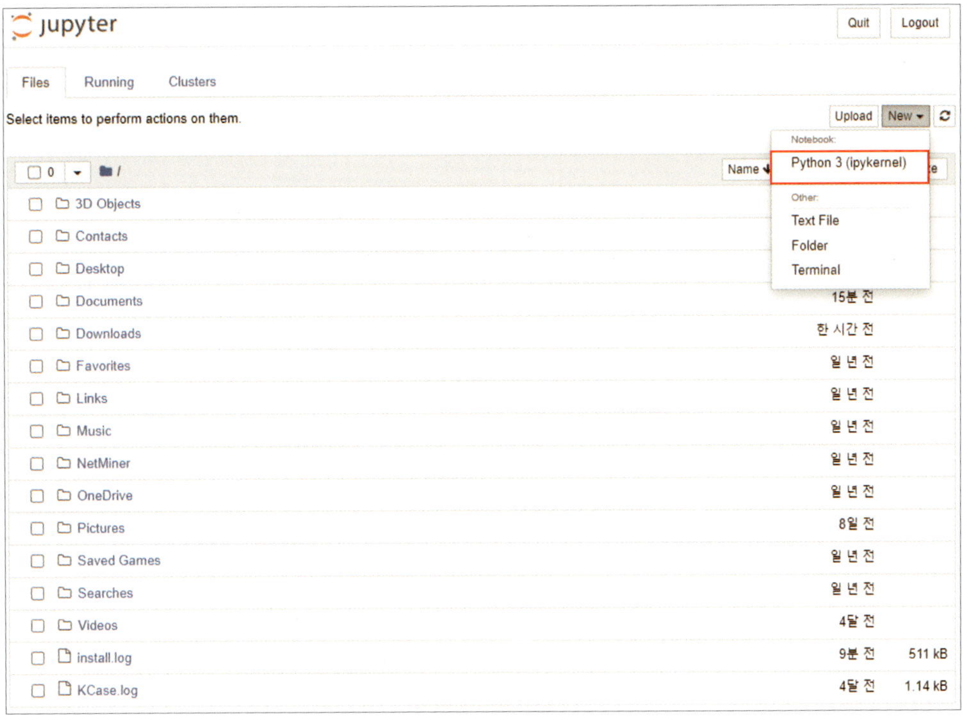

그림 1.1.34 아나콘다 주피터 노트북 사용 화면-4

❺ 아래와 같은 화면이 나오면 준비가 완료된 것이다.

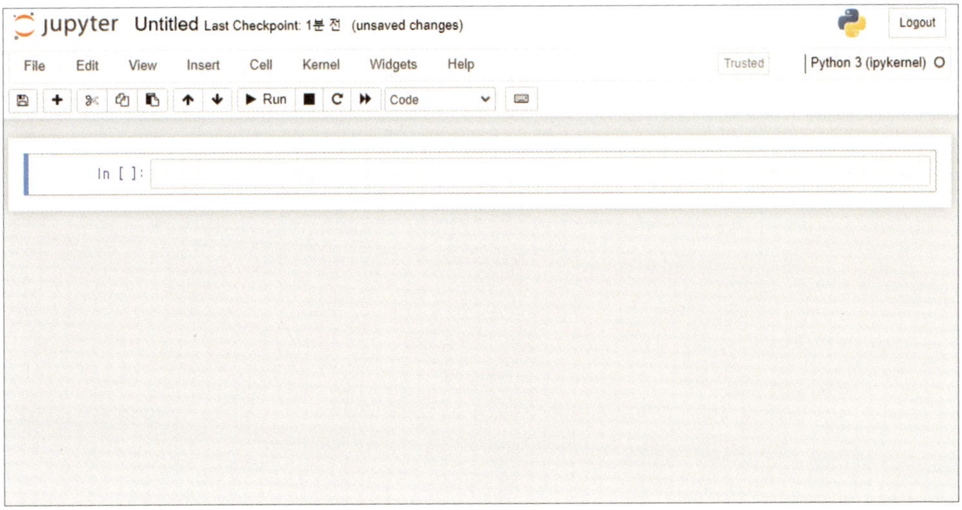

그림 1.1.35 아나콘다 주피터 노트북 사용 화면-5

제 2 장

자료형

한국정보통신기술협회의 정보통신용어사전에서 정의한 데이터[data]는 인간 또는 컴퓨터를 비롯한 기기나 시스템에 의해 행해지는 통신과 해석, 처리로 형식화된 사실과 개념, 명령을 표현한 것을 말한다. 우리는 매일의 삶에서 데이터를 생성하고 접하고 있다. 예를 들어, 스마트폰을 사용해서 메시지를 주고받고 사진이나 동영상을 찍고 이메일을 보내기도 한다. 이러한 활동들은 데이터로 기록된다. 인터넷을 활용하여 정보를 검색하였다면 데이터가 수집된 것이다. 데이터의 효율적인 처리를 위해 데이터를 분류하는 것이 중요한데, 컴퓨터 프로그래밍에서는 크게 문자와 숫자로 데이터의 유형을 구분한다. 데이터의 유형[Data Type]은 자료형이라고도 한다. 본 장에서는 기본적인 자료형인 문자와 숫자, 그리고 변수, 리스트, 딕셔너리, 불리언이 무엇인지 알아본다.

우선 데이터의 유형을 알아보기 전에 파이썬에서 데이터를 출력하는 방법부터 배워보자. 본 책에서는 1장에서 소개한 파이썬 개발 환경 중 클라우드 기반 개발 환경인 구글 코랩을 활용하여 파이썬 코딩을 여러분들과 함께 해보려 한다. 물론 다른 개발 환경에서도 실습은 가능하니 편한 개발 환경을 선택하여 따라 해보기 바란다.

❶ 코랩의 새 노트를 열면 다음과 같은 창이 나타난다.

그림 1.2.1 구글 코랩 시작화면

❷ 데이터를 출력할 때는 print() 함수를 사용한다. 괄호 안에 원하는 데이터를 입력하면 컴퓨터에 출력된다. 먼저 숫자 3을 출력해보자. print(3) 을 화면 중간에 있는 실행 버튼 옆 빈칸에 적는다. 그러면 바로 아래 줄에 실행 결과인 3을 출력하는 것을 확인할 수 있다.

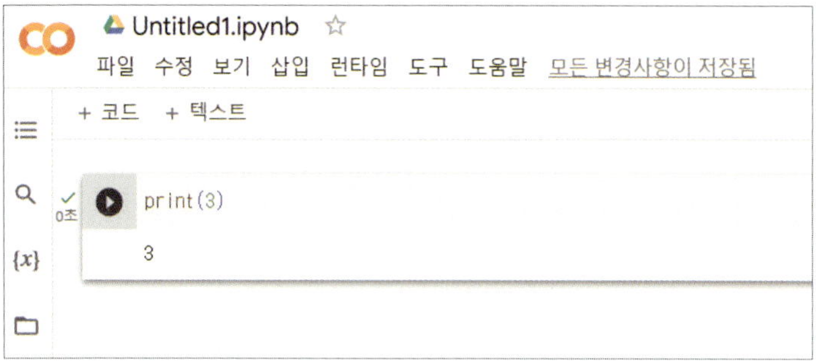

그림 1.2.2 데이터 출력 연습-1

❸ 이번에는 '파이썬'이라는 글자를 출력해보자. print(파이썬) 이라고 입력해보자. 뭔가 이상하다. 에러가 나고 파이썬이라는 글자가 출력되지 않았다.

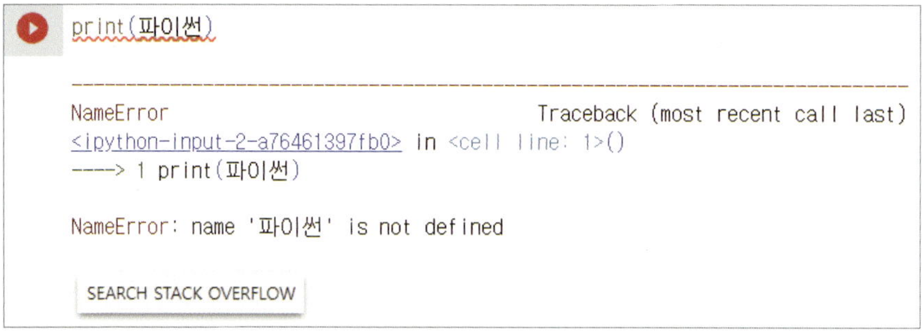

그림 1.2.3 데이터 출력 연습-2

❹ 파이썬이라는 글자 앞뒤에 따옴표를 붙여보자. print('파이썬')이라고 입력해보자. 이번에는 제대로 파이썬을 출력하는 것을 확인할 수 있다. 3번과 4번에서 무엇이 달랐는가? 파이썬이라는 문자를 출력할 때는 이처럼 따옴표를 사용하면 된다. 자세한 설명은 1 문자 에서 확인할 수 있다.

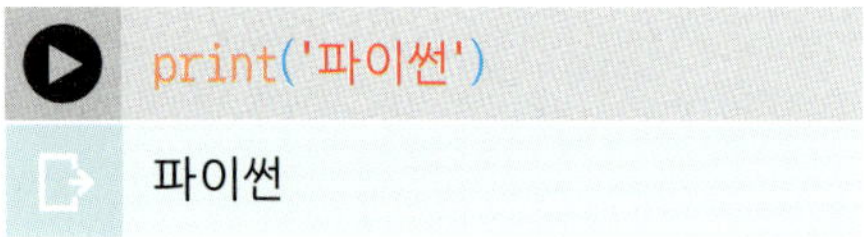

그림 1.2.4 데이터 출력 연습-3

01 문자

문자 데이터는 세상에 존재하는 것을 한글, 알파벳$^{A-Z}$, 특수문자, 아라비아 숫자$^{0\sim9}$ 등으로 표현한 것이다. 이 문자 데이터는 한 글자로 구성된 단일 문자와 여러 문자가 나열된 문자열로 구분된다. 단일 문자는 'A', 'a', '9', '$' 등이며, 문자열은 문장을 나타내는 "Hello, World!", 단어를 나타내는 "정수론"과 "python", 숫자 1, 2, 3, 4, 5, 6, 7, 8, 9로 구성된 문자열을 나타내는 "123456789" 등을 그 예시라 할 수 있다.

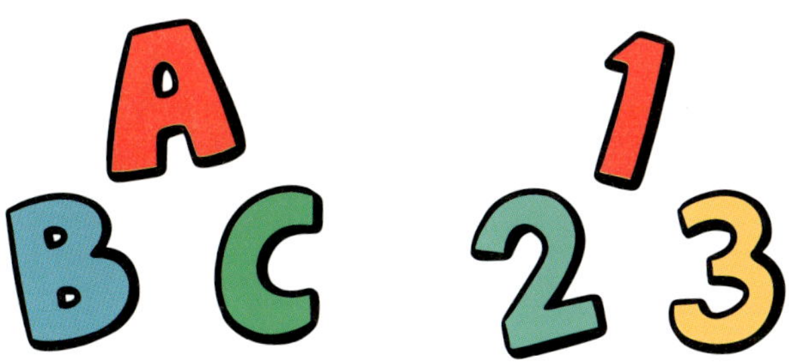

그림 1.2.5 문자 데이터

문자 데이터를 표현할 때는 이처럼 문자 앞뒤에 작은따옴표‘’나 큰따옴표“”를 사용한다. 보통 작은따옴표는 단일 문자를, 큰따옴표는 문자열을 나타낼 때 사용된다. 하지만 파이썬에서는 작은따옴표와 큰따옴표를 구분하지 않아도 된다.

그렇다면 출력할 내용에서 이 따옴표를 사용하고 싶을 때는 어떻게 해야 할까? 큰따옴표를 문장 안에서 사용하고 싶다면 문장 전체를 작은따옴표로 감싸면 된다. 반대로 작은따옴표를 문장 안에서 사용하려면 문장 전체를 큰따옴표로 감싸면 된다.

예제 2.1

아래 문장을 출력할 수 있도록 아래 빈칸에 손코딩을 해보고 코랩으로 코딩해보자.

아빠는 딸에게 물었다. "파이썬 공부하는 거 재밌니?"

정답

```
print('아빠는 딸에게 물었다. "파이썬 공부하는 거 재밌니?"')
```

```
아빠는 딸에게 물었다. "파이썬 공부하는 거 재밌니?"
```

예제 2.2

아래 문장을 출력할 수 있도록 아래 빈칸에 손코딩을 해보고 코랩으로 코딩해보자.

딸의 옷에는 이렇게 적혀있다. 'Python is fun!'

정답

```
print("딸의 옷에는 이렇게 적혀있다. 'Python is fun!'")
```

```
딸의 옷에는 이렇게 적혀있다. 'Python is fun!'
```

이번에는 문자 데이터의 길이를 구해보겠다. 데이터의 길이를 구하면 데이터의 크기나 구조를 파악하는 데 도움이 되고 문자열을 자르거나 변환하는 문자열 처리에 길이 정보가 필요하기 때문에 문자 데이터의 길이를 구하는 일은 중요하다. 우리가 어떤 웹사이트에 회원가입을 하고 비밀번호를 생성할 때 '최소 8자 이상'이라는 제한을 걸어둔 곳을 본 적이 있을 것이다. 이럴 때 문자 데이터의 길이를 가지고 데이터가 특정 제한 조건을 충족하는지를 확인하는 것이다. 문자 데이터 길이를 구하는 명령어로는 함수 len() 을 사용한다. 괄호 안에 문자 데이터를 넣으면 된다.

❶ 문자 데이터 abcde 의 길이를 구해보자. print(len(abcde)) 이렇게 입력해보자. 에러가 났다. 무엇이 문제였을까?

```
print(len(abcde))

---------------------------------------------------------------------------
NameError                                 Traceback (most recent call last)
<ipython-input-12-53f99e989a45> in <cell line: 1>()
----> 1 print(len(abcde))

NameError: name 'abcde' is not defined

SEARCH STACK OVERFLOW
```

그림 1.2.6 문자 데이터 길이 구하기-1

❷ abcde는 문자열이기 때문에 따옴표가 추가되어야 한다. 그러면 print(len('abcde')) 이렇게 입력하면 될까? 한번 시도해보자. 그러면 아래와 같이 정상적으로 길이를 구해주는 것을 확인할 수 있다.

```
print(len('abced'))

5
```

그림 1.2.7 문자 데이터 길이 구하기-1

예제 2.3

파이썬과 정수론, 정수론과 파이썬 의 문자 데이터 길이를 잴 수 있도록 아래 빈칸에 손코딩을 해보고 데이터 길이를 예측해보자. 그리고 코랩으로 코딩해보자.

정답

```
print(len('파이썬과 정수론, 정수론과 파이썬'))
```

```
18
```

해설 문자 데이터의 길이를 잴 때는 공백과 기호도 포함된다. 따라서 위 문자 데이터의 길이는 글자 수 14+공백 3+기호 1 = 18 이 되는 것이다.

문자 데이터 중 특정 위치에 있는 문자를 찾기 위해 인덱스를 사용하기도 한다. 우리가 책을 읽다가 중요한 부분을 나중에 빠르게 찾기 위해 플래그를 붙여놓곤 하는데, 이번에 배울 인덱스가 비슷한 역할을 한다고 생각하면 된다. 문자 데이터의 인덱스는 0부터 시작하고 문자 데이터[인덱스 번호]의 형태로 확인할 수 있다.

문자 데이터 God Loves You! 에서 6번 인덱스에 해당하는 문자를 화면에 출력해보자. print('God Loves You!'[6])를 입력하면 다음과 같이 결과가 출력된다. 본인이 예상한 결과가 맞는가? 혹시 e 라고 예상하지 않았는가? G부터 0으로 시작하고 d 다음에 나오는 공백도 3번 인덱스에 해당하므로 v가 6번 인덱스에 해당하는 글자로 출력된 것이다.

```
print('God Loves You!'[6])
```

```
v
```

그림 1.2.8 문자 데이터 인덱스 확인하기

예제 2.4

문자 데이터 안녕, 나는 제주도로 떠날 거야! 의 [10]번 인덱스는 무엇일까? 아래 빈칸에 손코딩을 해보고 출력 결과를 예측해보자. 그리고 코랩으로 코딩해보자.

정답

```
print('안녕, 나는 제주도로 떠날 거야'[10])
```

```
로
```

</>

02 숫자

프로그래밍에서 숫자 데이터는 수학적인 값을 나타내는 데이터를 일컫는다. 숫자 데이터는 양적이고 정량적인 정보를 나타내어 데이터의 분석과 비교에 활용되며 정확한 수치적 결과를 얻을 수 있다. 또한, 덧셈, 뺄셈, 곱셈, 나눗셈뿐만 아니라 삼각함수, 로그 함수 등 복잡한 수학 함수에도 직접 적용할 수 있다. 숫자 데이터는 일반적으로 문자 데이터보다 용량이 작아 데이터를 저장하고 전송하는 데 여러 이점이 있다.

그림 1.2.9 숫자 데이터

숫자 데이터는 소수점이 없는 정수 데이터와 소수점을 가지는 데이터인 실수 데이터로 구분된다. 그렇다면, 정수 데이터와 실수 데이터는 어떠한 예시가 있을까? 나이, 동물의 수, 번호는 소수점 이하의 값을 가지지 않기 때문에 정수 데이터라 할 수 있다. 더욱 세밀한 값을 표현하는 온도, 습도, 평균 점수 등은 소수점과 함께 나타낸다. 따라서 이러한 데이터는 실수 데이터의 일부이다.

숫자 데이터로는 연산을 할 수 있다. 정수 데이터를 사용하여 덧셈과 뺄셈을 해보자.

① 1567 + 7982 을 해보자. print(1567+7982)를 입력하면 다음과 같은 결과를 얻을 수 있다.

```
print(1567+7982)
9549
```

그림 1.2.10 숫자 데이터 덧셈 연산

② 35987 – 255 을 해보자. print(35987–255)를 입력하면 다음과 같은 결과를 얻을 수 있다.

```
print(35987-255)
35732
```

그림 1.2.11 숫자 데이터 뺄셈 연산–1

③ 음수의 결과를 갖는 뺄셈도 할 수 있을까? 4623 – 7797을 해보자. print(4623–7797)을 입력하면 다음과 같은 결과를 얻을 수 있다.

```
print(4623-7797)
-3174
```

그림 1.2.12 숫자 데이터 뺄셈 연산–2

이번에는 실수 데이터로 연산을 해보자.

① 5.5 * 10.5 를 해보자. print(5.5 * 10.5)를 입력하면 다음과 같은 결과를 얻을 수 있다.

```
print(5.5*10.5)
57.75
```

그림 1.2.13 숫자 데이터 곱셈 연산

② 3.1 / 6.2 를 해보자. print(3.1/6.2)를 입력하면 다음과 같은 결과를 얻을 수 있다.

```
print(3.1/6.2)
0.5
```

그림 1.2.14 숫자 데이터 나눗셈 연산

❸ 이번에는 67.89 * 23.45를 해보자. print(67.89*23.45)를 입력하면 다음과 같은 결과가 나온다. 우리가 계산기로 계산해보면 1592.0205를 확인할 수 있으나 파이썬으로 출력한 결과는 약간 다르다. 컴퓨터는 0과 1을 사용해서 수를 표현하고 계산을 하는 2진법을 사용한다. 정수는 2진법으로 표현하는 데 문제없지만, 소수점이 있는 수는 2진법으로 표현하면 오차가 발생할 수 있다. 이렇게 소수점이 있는 숫자 데이터는 이러한 특징을 잘 유념해두었다가 데이터를 가지고 비교하거나 계산할 때 주의해야 한다.

```
print(67.89*23.45)
```

```
1592.999999999
```

그림 1.2.15 숫자 데이터 곱셈 연산 오류

우리는 흔히 큰 숫자를 표기할 때 세 자리마다 쉼표(,)를 사용하여 나타낸다. 하지만 파이썬에서는 쉼표(,)를 사용하면 숫자 데이터로 인식하지 못한다. 때문에, 정수 데이터 사용 시 쉼표(,)는 제외하고 입력해야 한다.

❶ 300450 + 500을 계산해보자. 만약 쉼표(,)를 사용해서 print(300,450+500)을 입력하여 계산했다면 300과 450+500을 따로 계산하여 결괏값이 다음과 같이 떨어져서 나온다.

```
print(300,450+500)
```

```
300 950
```

그림 1.2.16 숫자 데이터 콤마 연산 오류

❷ 이번에는 쉼표(,)없이 300450 + 500을 계산해보자. print(300450+500)을 입력하면 다음과 같이 정상적으로 계산된 하나의 결괏값이 도출된다.

```
print(300450+500)
```

```
300950
```

그림 1.2.17 숫자 데이터 정상 덧셈 결과

그런데 한 가지 의문점이 드는 사항이 있을 수 있다. 앞서 문자 데이터를 배울 때 문자 데이터에 아라비아 숫자도 포함이 된다고 하였는데, 그럼 숫자 데이터는 문자 데이터일까? 이것을 구분할 수 있는 기준은 몇 가지가 있지만, 따옴표의 여부로 확인하면 가장 정확하다.

예제 2.5

숫자 데이터 10 - 3의 결과를 얻기 위해서는 어떻게 코딩해야 할까? 아래 빈칸에 손코딩을 해보고 출력 결과를 예측해보자. 그리고 코랩으로 코딩해보자.

정답

```
print(10-3)
```

```
7
```

예제 2.6

문자 데이터로 10 - 3을 나타내려면 어떻게 해야 할까? 아래 빈칸에 손코딩을 해보고 출력 결과를 예측해보자. 그리고 코랩으로 코딩해보자.

정답

```
print('10-3')
```

```
10-3
```

예제 2.7

문자 데이터로 10과 3을 더하면 어떻게 될까? 아래 빈칸에 손코딩을 해보고 출력 결과를 예측해보자. 그리고 코랩으로 코딩해보자.

정답

```
print('10'+'3')
```

```
103
```

해설 숫자 데이터에서 덧셈 표시(+)는 앞의 수와 뒤의 수를 더해주는 역할을 하지만 문자 데이터에서는 앞 문자와 뒷 문자를 연결하는 역할을 한다. 따라서 10과 3을 붙여서 103이라는 결과를 나타내는 것이다.

03 변수

변수는 데이터에 붙이는 이름이라 할 수 있다. 일상생활의 예를 들어 변수를 쉽게 이해해 보자. 과일 가게에서 주인은 사람들이 원하는 과일을 쉽게 가져갈 수 있도록 과일 바구니에 이름을 붙이고 바구니 안에 이름에 맞는 과일을 넣어두었다.

그림 1.2.18 변수 예시

이 예시에서 우리는 바구니에 구별을 위해 붙인 팻말을 변수라고 할 수 있고 바구니 안에 들어있는 과일을 데이터라 할 수 있다. 변수는 영어로 variable이라고 하는데 이는 '변화한다'라는 뜻을 가지고 있다. 빨간 사과가 들어있던 바구니에 초록색 사과를 넣는다면 안에 들어있던 데이터는 변화하였지만 변수 이름은 바뀌지 않는다. 색깔이 다르지만 여전히 사과이기 때문이다. 이렇게 할당된 데이터가 상황에 따라 변화할 수 있어 이를 변수라고 부른다.

변수 이름을 지을 때는 다음과 같이 몇 가지 규칙이 있다.

1. 영문자 & 숫자 사용: 알파벳과 숫자를 사용하여 변수 이름을 지을 수 있다. 하지만 숫자로 시작할 수는 없고, 일반적으로 특수문자를 사용할 수 없지만 언더바(_)는 예외적으로 사용할 수 있다.

❷ 예약어 사용 불가: 파이썬에서 이미 의미나 기능이 있는 단어인 'if', 'for', 'while' 등은 예약어로 구분되므로 변수 이름으로 사용될 수 없다.

❸ 가독성 & 명확성: 데이터와 연관이 있는 의미 있는 이름으로 변수 이름을 짓는 것이 중요하다. 예를 들면, 'a'나 'a_1' 등은 변수가 어떤 데이터를 저장하고 있는지 바로 파악이 어려우므로 이러한 변수 이름은 피하는 것이 좋다.

그러면 변수에 데이터를 할당해보자. 이를 실행할 수 있는 규칙은 변수 이름 = 데이터 로 입력하면 된다.

예제 2.8

drink 라는 변수를 입력하면 콜라와 사이다 중 선택하세요. 라는 데이터를 출력해보자. 아래 빈 칸에 손코딩을 해보고 코랩으로 코딩해보자.

정답

```
drink='콜라와 사이다 중 선택하세요.'
print(drink)
```

콜라와 사이다 중 선택하세요.

04 리스트

데이터는 단수가 아니라 복수의 형태로도 저장할 수 있다. 리스트는 여러 자료를 함께 보관하기 위해서 사용된다. 데이터 개수가 한 개일 때는 데이터 관리가 용이하지만 데이터가 많아지면 이를 효율적으로 관리하는 것이 중요하다. 파이썬에서는 데이터 개수가 불필요하게 늘어나는 것보다 하나의 변수에 여러 개의 데이터를 보관하여 양을 줄이면 데이터를 효율적으로 관리할 수 있다.

도서관에는 여러 개의 책장이 있다. 한 책장에 한 권의 책만 들어있다면 도서관에는 불필요하게 책장이 너무 많이 필요하게 되고 자리도 너무 많이 차지해서 여러 책을 보관하기 어려울 것이다. 그래서 한 책장에는 여러 권의 책이 보관되어 있고 일정한 순서에 따라 정렬되어 있다.

그림 1.2.19 리스트 예시

이 예시에서 책장은 리스트이며, 책장에 보관된 책들은 리스트의 항목에 해당한다. 정리된 순서대로 책장 속 책을 검색하여 필요한 책을 찾아내는 것처럼 리스트에서도 원하는 데이터를 찾으려면 인덱스를 확인하면 된다.

리스트를 표현할 때는 대괄호[]를 사용한다. 다수의 데이터는 쉼표(,)로 구분한다. 리스트에는 숫자 데이터와 문자 데이터 모두 포함될 수 있고 다른 리스트도 포함할 수 있다.

예제 2.9

우리나라의 6개 광역시를 변수명 Metropolitan_City에 리스트로 저장하여 출력해보자. 아래 빈 칸에 손코딩을 해보고 코랩으로 코딩해보자.

정답

```
Metropolitan_City=['부산광역시','대구광역시','인천광역시','광주광역시',
'대전광역시','울산광역시']
print(Metropolitan_City)
```

```
'부산광역시','대구광역시','인천광역시','광주광역시','대전광역시','울산광역시'
```

예제 2.10

예제 2.9에서 Metropolitan_City 변수의 가장 첫 번째에 있는 데이터를 출력해보자. 아래 빈칸에 손코딩을 해보고 코랩으로 코딩해보자.

정답

```
Metropolitan_City=['부산광역시','대구광역시','인천광역시','광주광역시',
'대전광역시','울산광역시']
print(Metropolitan_City[0])
```

```
부산광역시
```

05 딕셔너리

앞서 배워본 리스트는 다수의 데이터를 관리할 수 있는 효율적인 방법이었다. 하지만 리스트에도 단점이 있다. 리스트의 개수가 너무 많아지면 데이터 정보에 따로 이름을 부여하지 않기 때문에 원하는 데이터를 찾는 것이 어려워진다. 이 리스트의 단점을 보완하고 데이터에 이름을 부여해서 관리할 수 있는 딕셔너리를 소개한다. 딕셔너리는 영어로 사전이라는 뜻을 가지고 있다. 영한사전을 한번 떠올려보자. 우리가 'grape'라는 영어 단어를 사전을 가지고 찾는다고 생각해보자. 그러면 사전에는 영어 단어 'grape'와 한글 뜻인 '포도'가 함께 적혀있을 것이다. 아래는 네이버 사전으로 검색한 grape의 결과이다.

그림 1.2.20 딕셔너리 예시

이렇게 사전처럼 짝을 이루는 데이터를 보관하는 것을 딕셔너리라고 한다. 물론 이 예시처럼 데이터에 붙인 이름과 포함된 데이터가 하나씩 한 쌍을 이룰 수도 있지만 데이터 이름 1개에 포함되는 데이터가 다수일 수도 있다. 리스트는 대괄호[]를 사용했다면 딕셔너리를 표현하려면 중괄호{}를 사용하면 된다. 그리고 데이터에 붙인 이름과 데이터는 콜론:으로 구분할 수 있다. 콜론:을 기준으로 왼쪽은 데이터의 이름인 Key, 오른쪽은 딕셔너리에서 꺼낼 수 있는 값인 Value이다. 그리고 이를 출력하려면 인덱스처럼 Key를 print 하면 Key에 맞는 Value를 출력할 수 있다.

예제 2.11

딕셔너리에 한 쌍의 데이터를 보관해보자. info 라는 변수에 Key는 name, Value는 김사랑 이라는 딕셔너리를 할당하고 name을 불렀을 때 김사랑 이라는 데이터를 출력해보자. 아래 빈칸에 손코딩을 해보고 코랩으로 코딩해보자.

정답

```
info={'name':'김사랑'}
print(info['name'])
```

```
김사랑
```

예제 2.12

이번에는 여러 데이터를 보관해보자. 이름은 김사랑, 성별은 여자, 학교는 한국초등학교 라는 데이터가 있다고 할 때 이를 딕셔너리로 저장하여 이 학생의 학교를 검색하면 한국초등학교 라는 답변이 출력되도록 해보자. 빈칸에 손코딩을 해보고 코랩으로 코딩해보자.

정답

```
info={'name':'김사랑', 'gender':'여자', 'school':'한국초등학교'}
print(info['school'])
```

```
한국초등학교
```

딕셔너리에는 데이터를 추가하거나 삭제할 수도 있다. 데이터를 추가할 때는 본래 작성해 두었던 코드 아래에 같은 변수명[Key] = Value 를 추가하면 된다. 또한 삭제하려면 삭제를 의미하는 del 변수명[Key] 를 입력하면 된다.

예제 2.13

예제 2.12의 데이터에 연령 정보를 추가해보자. 이 학생은 8살이다. 이를 추가하여 연령 정보를 출력하는 코드를 짜보자. 아래 빈칸에 손코딩을 해보고 코랩으로 코딩해보자.

정답

```
info={'name':'김사랑', 'gender':'여자', 'school':'한국초등학교'}
info['age']='8'
print(info['age'])
```

```
8
```

예제 2.14

예제 2.13 데이터에서 성별 정보를 삭제해보고 삭제된 데이터를 검색하면 어떤 결과가 나오는지 확인해보자. 아래 빈칸에 손코딩을 해보고 코랩으로 코딩해보자.

정답

```
info={'name':'김사랑', 'gender':'여자', 'school':'한국초등학교', 'age':'8'}
del info['gender']
print(info['gender'])
```

```
---------------------------------------------------------------------------
KeyError                                  Traceback (most recent call last)
<ipython-input-59-a4aafad6b3a5> in <cell line: 3>()
      1 info={'name':'김사랑', 'gender':'여자', 'school':'한국초등학교', 'age':'8'}
      2 del info['gender']
----> 3 print(info['gender'])

KeyError: 'gender'
```

해설 삭제된 데이터를 출력하라고 명령했으니 에러가 난 것이다. 만약 삭제되지 않은 데이터를 출력한다면 아래와 같이 정상적으로 데이터가 출력된다.

```
info={'name':'김사랑', 'gender':'여자', 'school':'한국초등학교', 'age':'8'}
del info['gender']
print(info['school'])
```

```
한국초등학교
```

06 불리언

불리언Boolean은 영국 수학자 조지 불George Boole의 이름을 따 만들어진 것으로 불로 불리기도 한다. 불 데이터는 참True과 거짓False를 표현한다. 파이썬에서는 첫 번째 글자인 T와 F만 대문자로 표기하고 나머지는 소문자로 표기한다. 즉, true나 FALSE로는 사용하지 않는다는 것이다. 불 데이터는 보통 조건문의 리턴 값으로 사용된다. 예를 들면 100보다 1이 작은가? 를 묻는 조건문에는 True 라고 출력된다. 조건문은 다음 장에서 자세히 설명하기로 한다.

데이터 자체에도 True와 False가 구분되는 경우가 있다. 다음 표를 확인하여 참과 거짓을 판별하는 기준을 확인해보자. 이처럼 정상적으로 값이 있으면 참, 값이 비어있는 경우에는 거짓이 되며 숫자는 0이 되면 거짓으로 판별한다.

표 1.2.1 데이터의 참, 거짓 구분

값	참, 거짓 구분
'python'	True
' '	False
[1,2,3]	True
[ ]	False
(1,2,3)	True
( )	False
{'a':'1'}	True
{ }	False
1	True
0	False

해당 데이터가 참인지 거짓인지 판별하려면 bool 함수를 사용하면 된다.

예제 2.15

music 이라는 문자 데이터가 참인지 거짓인지 확인할 수 있는 코드를 짜보자. 아래 빈칸에 손코딩을 해보고 코랩으로 코딩해보자.

정답

```
bool('music')
```

```
True
```

제 3 장

조건문

세상을 살아가면서 우리는 수많은 선택을 하게 된다. 내셔널지오그래픽에 따르면 인간은 하루 동안 평균적으로 150회 정도의 의사결정을 한다고 한다. 아침에 우산을 들고 나갈 것인지, 버스를 이용할 것인지 택시를 이용할 것인지, 식사는 무엇을 먹을 것인지, 어떤 회사와 계약을 하게 될 것인지, 부서 이동을 할 것인지 말 것인지 등 인생의 크고 작은 결정들은 우리 인생의 전반을 좌우한다.

파이썬에서 말하는 조건문이란 주어진 조건에 따라 다른 작업을 수행할 수 있도록 프로그램에 지시하는 역할을 한다. 조금 더 쉽게 설명해보겠다. '당신은 목이 마르는가?'라는 질문을 받았다고 생각해보자. 만약 목이 마르면 물을 마시면 된다. 목이 마르지 않으면 물을 마시지 않으면 된다. 자 이 일련의 과정은 인간인 우리에게는 자연스럽게 나오는 생각과 행동이지만 컴퓨터에게 이러한 행동을 지시하려면 시작과 끝에 대한 알림, 정확한 조건, 명령어의 처리 순서, 선택에 따른 대안이 필요하다. 그러면 물을 마시는 이 과정을 순서도로 표현해보자. 여기에서 '왜 순서도를 그려야 하나요?'라고 질문한다면, 이에 대한 답은 다음과 같다. '모든 프로그램은 프로그램의 처리 과정이 순서도로 표현될 수 있기 때문입니다.' 순서도로 표현되지 않는다면 그 프로그램은 오류가 발생할 확률이 매우 높다.

❶ 순서도를 그릴 때는 사용해야 하는 도형의 규칙이 정해져 있다. 이 책에서는 몇 가지 대표적인 도형을 소개한다.

표 1.3.1 순서도에서 사용되는 도형

구분	도형		설명
시작, 끝	원		프로그램의 시작과 끝을 알림
처리	직사각형	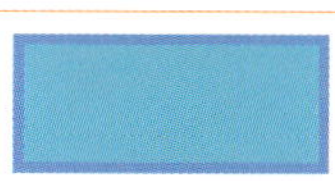	자료나 연산의 처리에 사용
판단	마름모	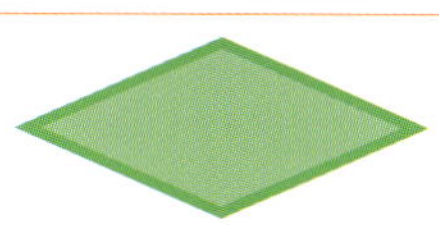	선택을 위해 사용, 결괏값은 '예' 혹은 '아니요'로 결정됨
순서	화살표	↓ ↑ → ←	명령어를 처리할 순서를 의미

❷ 프로그램을 시작하기 위해서는 시작임을 공표해야 한다. 먼저 원을 사용하여 시작을 표시한다. 그리고 프로그램을 시작한 후 다음 단계로 이동할 수 있도록 화살표도 함께 그린다.

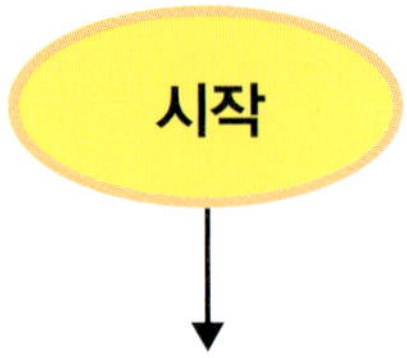

❸ 다음에는 질문을 해야 한다. 판단을 위해 사용되는 마름모에 질문을 적는다.

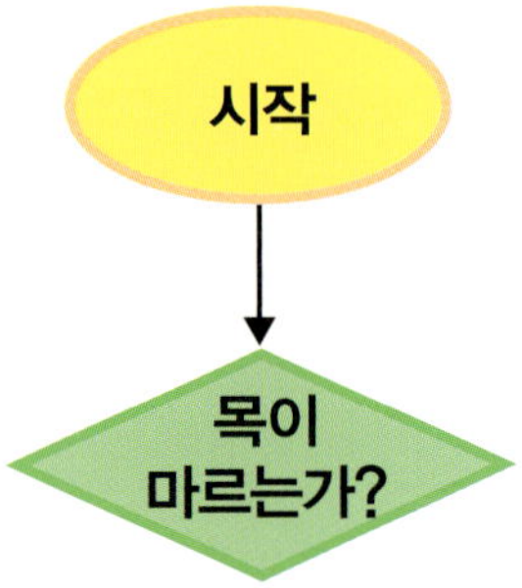

❹ 질문을 했다면 예, 아니요로 조건식을 분기해야 한다. 마름모 아래와 우측으로 화살표를 그리고 화살표 근처에 '예'와 '아니요'를 적는다. (예와 아니오는 원하는 방향으로 그려도 상관없다.)

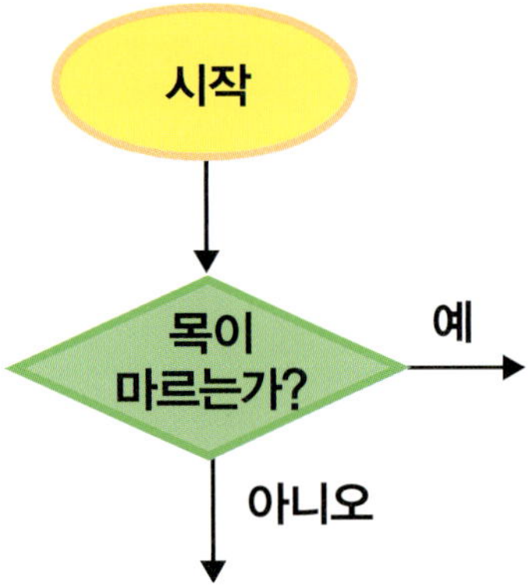

❺ 조건식을 분기한 후 이에 대한 다음 처리 내용을 작성한다.

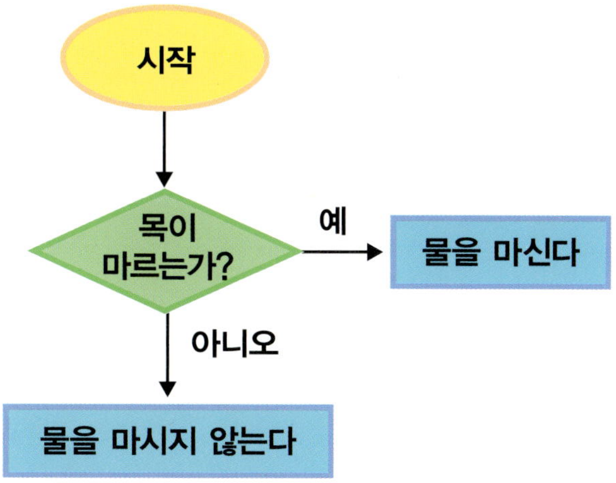

❻ 처리를 마치면 종료를 해야 한다. 종료는 시작과 같이 원을 사용하여 표현한다. 그리고 종료로 갈 수 있도록 전 단계인 처리 내용과 종료를 화살표로 이어준다.

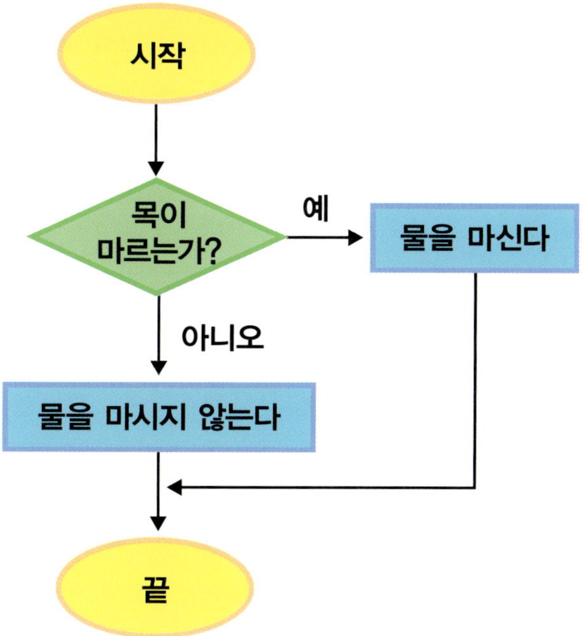

01 비교 연산자

순서도를 그리면서 확인한 것처럼 프로그래밍에서는 논리를 구분하고 연산하는 과정이 중요하다. 연산 결과에 따라 프로그램이 다르게 동작하기 때문이다. 이번 장에서는 조건문에서 사용되는 비교 연산자에 관해 알아본다. 비교 연산자는 일반적으로 수학 연산에서 사용되는 부등호와 비슷하지만 조금 다르다. 그러면 파이썬에서 사용되는 비교 연산자는 어떤 것들이 있는지 살펴보겠다.

표 1.3.2 비교 연산자

연산자	설명
x == y	x와 y는 같다.
x != y	x와 y는 같지 않다.
x 〉 y	x는 y보다 크다.
x 〈 y	x는 y보다 작다.
x 〉= y	x는 y보다 크거나 같다.
x 〈= y	x는 y보다 작거나 같다.

이 표를 보면 조금 생소한 기호가 있을 것이다. 보통 수학에서 '같다'를 의미하는 기호는 '=' 인데, 파이썬에서는 '=' 를 두 번 사용해서 '==' 로 표현한다. 만약 '='를 한 번만 쓰면 파이썬은 대입한다는 의미로 받아들인다. 예를 들어 보겠다.

```
x = 6        # x에 6을 대입한다.
5 == 6       # 5는 6과 같다.
```

이를 참고해서 비교 연산자를 사용할 때 주의하기 바란다.

파이썬에서는 이러한 비교 연산자를 사용해서 조건식을 판단한다. 그리고 비교 연산의 결과는 항상 True와 False로만 나타난다. 조건식의 결과를 출력할 때는 print(조건식) 으로 코드를 작성하면 된다.

예제 3.1

'155가 255보다 작다' 는 조건식을 만들고 판단 결과를 확인해보자. 아래 빈칸에 손코딩을 해보고 코랩으로 코딩해보자.

정답

```
print(155 < 255)
```

```
True
```

비교 연산자는 숫자 데이터만 비교할 수 있는 것은 아니다. 문자 데이터도 비교할 수 있다. 예를 들면, '학교'와 '학과'가 같은지 혹은 같지 않은지를 비교할 때 사용한다.

예제 3.2

'수학'이 '수확'과 같거나 크다' 는 조건식을 만들고 판단 결과를 확인해보자. 아래 빈칸에 손코딩을 해보고 코랩으로 코딩해보자.

정답

```
print('수학'>='수확')
```

```
False
```

02 논리 연산자

논리 연산자는 파이썬 조건문에서 사용되는 연산자 중 또 다른 하나이다. 논리 연산자는 불 연산자로 불리기도 하는데 명제가 여러 개인 조건식을 연결하거나 명제의 결과를 거꾸로 만드는 연산을 말한다. 논리 연산자도 비교 연산자와 마찬가지로 True 혹은 False의 결괏값을 얻는다. 그리고 비교 연산자와 마찬가지로 print(조건식)으로 출력 결과를 확인할 수 있다. 이 연산자에는 다음 표와 같이 3가지의 연산자가 있다.

표 1.3.3 논리 연산자

연산자	설명
x and y	x 그리고 y
x or y	x 또는 y
not x	x가 아니다

비교 연산자와는 달리 논리 연산자는 표만 보면 무슨 말인지 바로 이해가 어려울 수 있다. 예시를 보면 바로 이해할 수 있다.

먼저, and 연산자를 이해해보자. and는 and 앞의 명제와 뒤의 명제가 둘 다 참이어야만 True 결괏값을 나타낼 수 있다. 아래 그림에서 and 좌측의 명제인 '10이 8보다 크다' 와 우측의 명제인 "친구'가 '친구'와 같다' 는 명제가 모두 참이다. 그래서 결괏값으로 True가 출력된 것이다.

```
print(10 >= 8 and '친구'=='친구')
```

```
True
```

그림 1.3.1 and 연산자

and 연산자에서는 명제가 하나라도 거짓이면 False로 판단한다. 다음 표를 참고하여 and 연산자가 True와 False를 판단하는 조건을 확인해보자.

표 1.3.4 and 연산자의 판단

연산자	판단 결과
참 and 참	True
거짓 and 참	False
참 and 거짓	False
거짓 and 거짓	False

예제 3.3

비밀번호를 맞히는 프로그램을 짜보자. 비밀번호의 문자 수가 4개이고, 비밀번호가 1234라고 해보자. 어떤 사람이 이 비밀번호를 맞혔다. 맞혔다는 것은 조건문의 판단이 True가 나오도록 코드를 짜는 것이다. and 연산자를 사용하여 아래 빈칸에 손코딩을 해보고 코랩으로 코딩해보자.

정답

```
password_len=4
password_key=1234
print(password_len>=4 and password_key==1234)
```

```
True
```

해설 먼저 변수에 알맞은 데이터를 할당한다. 여기에서는 비밀번호의 문자 수와 비밀번호가 주어졌다. 따라서 두 개의 변수를 만든다. 그리고 and 연산자를 사용해서 판단 결과가 True가 나오려면 and 좌측과 우측의 명제가 모두 참이어야 한다. 모두 참일 수 있도록 좌우 명제를 만들어주면 True가 나와 비밀번호를 맞혔다고 할 수 있겠다.

이번에는 or 연산자를 알아보자. or 연산자는 좌측과 우측의 명제가 하나라도 참이면 True라고 판단한다. 다음 표를 참고하면 or 연산자의 조건식 판단 기준을 확인할 수 있다.

표 1.3.5 or 연산자의 판단

연산자	판단 결과
참 or 참	True
거짓 or 참	True
참 or 거짓	True
거짓 or 거짓	False

다음 그림을 보면 or 좌측의 명제는 참이지만 우측의 명제는 거짓이다. 두 명제 중 하나만 참이어도 참으로 판단되기 때문에 본 조건문의 판단 결과는 True로 나타났다.

```
print(2 == 2 or 3 < 1)
True
```

그림 1.3.2 or 연산자

and 연산자는 엄격하고 or 연산자는 비교적 유연하다고 생각하면 더욱 이해가 쉽겠다.

예제 3.4

놀이공원에서 130cm가 넘는 사람만 기구에 탑승할 수 있는 프로그램을 짜보자. 이름이 무엇이든 상관없이 키가 130 이상이면 판단 결과가 True 나오도록 코드를 짜면 된다. or 연산자를 사용하여 다음 빈칸에 손코딩을 해보고 코랩으로 코딩해보자.

정답

```python
name=''
height=138
print(name=='김사랑' or height>=130)
```

```
True
```

해설 이번 예제에서도 마찬가지로 변수를 먼저 세팅해야 한다. 이름이 무엇이든 상관없다고 했으니 아무것도 없는 문자 데이터 ' ' 를 name에 할당했고, 키는 130이 넘어야 한다고 했다. 여기에서는 키가 138이라는 김사랑이라는 사람이 있다고 가정했다. 조건식은 하나만 만족하면 True가 나오지만 키가 130이 넘어야 기구를 탈 수 있는 조건을 문제에서 제시했기 때문에 조건식에 height>=130 을 추가한다. 이렇게 되면 판단 결과가 True가 나오고 138 의 키를 가진 김사랑이라는 사람이 놀이기구에 탑승할 수 있게 된다.

마지막으로 not 연산자를 알아보자. 이 연산자는 and 연산자, or 연산자와는 약간 성격이 다르다. 조건식의 결과를 뒤집는 역할을 하는데, 다음 표를 참고하여 not 연산자의 조건식 판단 기준을 살펴보자.

표 1.3.6 not 연산자의 판단

연산자	판단 결과
not True	False
not False	True

다음 그림을 보자. not 우측의 명제가 1000보다 2000이 작다는 조건문이니 이 조건문 자체는 참이다. 하지만 앞에 not이 붙었으므로 판단 결과는 False로 나타난다.

```
print(not 1000<2000)
```

```
False
```

그림 1.3.3 not 연산자

이처럼 조건식 앞에 not을 붙이면 조건식이 참이었다면 거짓으로 판단하고, 거짓이었다면 참으로 판단하는 것이다. 한국어나 영어에도 보면 이중부정문이라는 것이 있다. '너를 사랑하지 않을 수 없다.'라는 말은 '너를 사랑할 수 밖에 없다.'는 뜻을 가지고 있다. 이와 비슷한 맥락이라고 생각해보면 이해가 쉽겠다.

예제 3.5

거꾸로 대답하기 게임을 만든다고 가정해보자. x 값이 3이고 y 값이 4라면 이를 거짓으로 만들려면 어떻게 조건문을 만들어야 할까? not 연산자를 사용하여 아래 빈칸에 손코딩을 해보고 코랩으로 코딩해보자.

정답

```
x=3
y=4
print(not x<y)
```

```
False
```

해설 예제에서 x와 y값을 정해주었으므로 변수 2개를 세팅한다. 그리고 거짓이 나오도록 조건문을 만들기 위해서는 참이 나오는 조건문을 만들면 된다.

03 if ~ else 조건문

이제 본격적으로 조건문을 사용해서 프로그래밍하는 방법을 배워보자. if ~ else 조건문은 if 뒤의 조건이 참이라면 명령 1을 실행, 거짓이라면 명령 2를 실행하는 것이다. 이 조건문을 사용하려면 다음과 같이 몇 가지 규칙이 있다.

1. if 조건식과 else 옆에는 콜론 : 이 위치한다.
2. if 우측에는 조건식을 작성한다.
3. if 아래에는 조건이 참일 때 실행하는 명령 1을 작성한다.
4. else 아래에는 조건이 거짓일 때 실행하는 명령 2를 작성한다.
5. 명령 1과 2를 작성할 때는 들여쓰기가 필요하다. (코랩에서는 자동으로 들여쓰기 된다)

위 조건에 맞춰 작성한 예시를 보자.

```
sky = 'blue'
if(sky=='blue'):
  print('소풍을 간다')
else:
  print('집에 있는다')
```

```
소풍을 간다
```

그림 1.3.4 if ~ else 조건문-1

이 조건문을 살펴보면 하늘이 파랗다면 소풍을 가고, 그렇지 않으면 집에 있는 프로그램을 만든 것이다. 먼저 하늘이 파랗다는 변수를 지정해주고 시작한다. 만약에 하늘이 파랗다면 명령 1인 '소풍을 간다' 를 출력하고, 그렇지 않으면 명령 2인 '집에 있는다' 를 출력한다. 처음에 변수를 하늘이 파랗다고 할당했기 때문에 '소풍을 간다' 가 출력되었다.

그러면 '집에 있는다' 가 출력되려면 어떻게 바꾸면 될까? 다음 그림처럼 변수만 수정해주면 된다. 만약 하늘이 황사가 심해 노란색이라면 '집에 있는다' 를 출력한다.

```
sky = 'yellow'
if(sky=='blue'):
  print('소풍을 간다')
else:
  print('집에 있는다')
```

```
집에 있는다
```

그림 1.3.5 if ~ else 조건문-2

예제 3.6

합격/불합격 프로그램을 만들어보자. 70점 이상이면 'PASS', 70점 미만이면 'FAIL' 이 나타나게 하려면 어떻게 코딩해야 할까? 85점을 받은 학생이 있다면 'PASS' 가 나타나도록 if ~ else 조건문을 사용하여 아래 빈칸에 손코딩을 해보고 코랩으로 코딩해보자.

정답

```
score=85
if(score>=70):
    print('PASS')
else:
    print('FAIL')
```

```
PASS
```

해설 85점이라는 변수를 먼저 세팅해주고 조건문은 if 옆에, 참일 때 실행해야 할 명령 1은 if 아래에, 거짓일 때 실행해야 할 명령 2는 else 아래에 세팅해주면 된다.

04 if ~ elif ~ else 조건문

이번에는 elif가 있는 조건문을 배워보자. 앞서 배운 if ~ else 조건문은 조건을 하나만 설정할 수 있다면 elif는 다수의 조건을 사용할 수 있다. elif는 else if의 줄임말이다. if ~ elif ~ else 조건문을 작성할 때는 기본적으로 if ~ else 조건문의 규칙을 따른다. 추가되는 규칙이 있다면 elif에 관한 것이다. elif 우측에는 또 다른 조건을 작성하고 콜론:을 추가하고 elif 아래에는 elif 조건이 참일 경우에 행할 명령을 작성한다. 아래 예시를 보면서 이해해보자.

```
sky = 'blue'
if(sky=='blue'):
  print('소풍을 간다')
elif(sky=='yellow'):
  print('마스크를 쓴다')
else:
  print('집에 있는다')
```

```
소풍을 간다
```

그림 1.3.6 if ~ elif ~ else 조건문-1

이 조건문을 보면 하늘이 파랄 때는 소풍을 가고, 노랄 때는 마스크를 쓰고, 그렇지 않으면 집에 있다는 프로그램으로 만들어 본 것이다. 이 조건문의 변수는 하늘이 파랄 때를 가정한다. 먼저 '하늘이 파랗다면'은 첫 번째 조건문이니 if 옆에 작성한다. 그리고 이에 대한 행위로 '소풍을 간다' 를 출력한다. 이번에는 두 번째 조건인 '하늘이 노랗다면'을 추가해야 한다. 이때 elif를 사용한다. 그리고 이 조건에 따른 행위 결과는 elif 아래에 '마스크를 쓴다'를 출력하라고 명령한다. 마지막으로 하늘이 파랗거나 노랗지 않다면 '집에 있는다'를 출력하고 프로그램이 끝이 난다.

그러면 이때 변수인 하늘을 노란색으로 바꾸면 프로그램은 어떤 결과를 출력할까? 다음 그림처럼 '마스크를 쓴다' 가 출력된다.

```
sky = 'yellow'
if(sky=='blue'):
  print('소풍을 간다')
elif(sky=='yellow'):
  print('마스크를 쓴다')
else:
  print('집에 있는다')
```

```
마스크를 쓴다
```

그림 1.3.7 if ~ elif ~ else 조건문-2

예제 3.6

이번에는 성적에 따라 다양한 학점으로 나누어지는 프로그램을 만들어보자. 90점 이상이면 'A'를, 80점 이상이면 'B' 를, 70점 이상이면 'C' 를, 60점 이하이면 '재수강' 이라는 프로그램을 만들자. 한 학생이 95점이라면 'A'가 나타나도록 if ~ elif ~ else 조건문을 사용하여 아래 빈칸에 손코딩을 해보고 코랩으로 코딩해보자.

정답

```
score=95
if(score>=90):
  print('A')
elif(score>=80):
  print('B')
elif(score>=70):
  print('C')
else:
  print('재수강')
```

```
A
```

해설 95점이라는 변수를 먼저 세팅해주고 첫 번째 조건문인 A 학점의 기준은 if 옆에, 두 번째 조건문인 B 학점의 기준은 첫 번째 elif 옆에, 세 번째 조건문인 C 학점의 기준은 두 번째 elif 옆에 작성한다. 그리고 각각 참일 때 실행해야 할 명령은 if와 elif 조건문 아래에 작성한다. 마지막으로 70점 이하, 즉 거짓일 때 실행해야 할 명령은 else 아래에 세팅해주면 된다.

제 4 장

반복문

반복하는 일은 어찌 보면 지루하지만 습관으로 자리 잡으면 편해지기도 한다. 건강한 삶을 위해 매일 운동해야 하지만 매일 조깅하러 나가는 일은 생각보다 쉽지 않다. 어느 날은 건너뛰고 싶을 때도 있다. 하지만 하루, 이틀 습관이 되다 보면 어느새 몸이 그 루틴에 적응하게 되지 않는가? 컴퓨터 프로그래밍도 마찬가지다. 같은 동작을 지속적으로 하는 코드는 불필요하게 코드의 길이만 늘어지게 되고 문제가 생겼을 때 반복된 코드 모두를 수정해야 하거나 어느 곳에서 문제가 생겼는지 이를 처리하기 어려울 수 있다. 그래서 몸이 루틴을 만드는 것처럼 반복문을 사용해서 코드를 간단하게 만드는 것이 중요하다. 다음 예시를 보자.

```
print(1)
print(2)
print(3)
print(4)
print(5)
```

```
1
2
3
4
5
```

→

```
for i in range(1,6):
  print(i)
```

```
1
2
3
4
5
```

그림 1.4.1 반복문

좌측의 코드는 동일한 코드를 계속 반복적으로 사용하고 있다. 총 5줄의 코드를 작성했다. 반면 우측을 보자. 단 2줄로 프로그램을 완성했다. 이 프로그램이 5까지 세는 프로그램이라 크게 차이 나 보이지 않지만 1000 혹은 10000까지 세는 프로그램이라 해보자. 그러면 코드의 길이가 얼마나 차이 날지 가늠해볼 수 있을 것이다. 반복문은 많은 파이썬 초보자들이 어려워하는 부분이다. 천천히 책을 따라가다 보면 이번에도 쉽게 이해할 수 있을 것이다.

01 for 반복문

파이썬에서 반복문은 for 반복문과 while 반복문이 있다. 반복문은 동그란 고리를 의미하는 루프[loop]라고 하기도 한다. 그래서 for 루프, while 루프라고 불리기도 한다. 먼저 for 반복문부터 알아보자. for 반복문을 실행하려면 미리 프로그램이 반복할 횟수를 정해야 한다. 그러면 사용자가 지정한 횟수를 마치면 프로그램은 자동으로 종료된다. for 반복문은 기본적으로 for 변수 in 데이터 세트 의 구조로 작성하면 된다.

먼저 for 반복문을 사용하려면 다음과 같이 몇 가지 규칙이 있다.

1. for, 변수, in, 데이터 세트 사이는 띄어 쓴다.
2. 데이터 세트 우측에는 콜론 : 을 추가한다.
3. for 반복문이 실행할 명령은 for 변수 in 데이터 세트 아래 줄에 작성한다.
4. 명령을 작성할 때는 들여쓰기가 필요하다. (코랩에서는 자동으로 들여쓰기 된다)

위 조건에 맞춰 작성한 예시를 통해 이해해보자.

```
coffee_menu=['아메리카노','라떼','카페모카']
for coffee in coffee_menu:
  print(coffee)
```

```
아메리카노
라떼
카페모카
```

그림 1.4.2 for 반복문-1

이 반복문은 앞서 배웠던 리스트[제2장 참조]를 순회하는 예시이다. 커피 메뉴로 '아메리카노', '라떼', '카페모카' 가 있다. 그리고 이 커피 메뉴들을 하나씩 반복하면 프로그램이 종료된다. 우선 변수로 메뉴에 있는 커피들을 리스트로 지정해준다. 그리고 for 반복문을 작성한다. for coffee in coffee_menu 는 위 변수 안에 있는 커피를 반복하고 아래 print(coffee) 는 반복하여 출력하라는 의미로 해석할 수 있다.

예제 4.1

한 사람씩 돌아가면서 '대', '한', '민', '국', '만', '세' 를 외치는 프로그램을 작성하려고 한다. for 반복문을 사용하여 아래 빈칸에 손코딩을 해보고 코랩으로 코딩해보자.

정답

```
message = ['대','한','민','국','만','세']
for i in message:
  print(i)
```

```
대
한
민
국
만
세
```

해설 '대', '한', '민', '국', '만', '세' 를 순차적으로 외쳐야 하기 때문에 우선 변수부터 할당한다. message는 임의로 작성한 것으로 다른 이름의 변수로 작성해도 된다. 다음 줄에는 for 옆에 i가 있는데, i는 인덱스의 약자이다(제2장 참조). 인덱스는 데이터의 위치를 찾는 데 사용되는데 for 반복문에서는 반복문의 각 반복 단계에서 현재 항목의 인덱스를 나타내는 변수로 사용된다. 여기에서는 6글자를 한 번씩 말하며 순회하라는 뜻으로 생각하면 된다. 따라서 명령에서도 print(i) 만 작성하면 리스트 속 문자 데이터를 하나씩 순회하며 출력한 뒤 마무리된다.

두 번째 for 반복문의 예시를 살펴보자. 이번에는 문자열을 순회하는 반복문의 예시이다. 이 예시에서는 우리가 처음 보는 변수명이 있을 텐데 바로 char 이다. char 는 character의 줄임말로 파이썬에서는 단일 문자를 나타낸다. 따라서 '일어나세요' 라는 메시지가 있을 때 char 를 반복하라는 말은 '일어나세요' 를 한 글자씩 순회하라는 뜻이 된다. 따라서 본 결과처럼 한 문자씩 반복하게 된 것이다. 예제 4.1 에서 리스트 속에 하나씩 문자 데이터를 분리하여 작성하지 않아도 char 를 사용하면 동일한 결과를 도출할 수 있다.

```
message = '일어나세요'
for char in message:
  print(char)
```

```
일
어
나
세
요
```

그림 1.4.3 for 반복문-2

예제 4.2

'python'이라는 문자 데이터를 한 글자씩 순회하며 출력하는 프로그램을 만들어보자. 이번에는 char 를 사용한 for 반복문으로 작성해보자. 아래 빈칸에 손코딩을 해보고 코랩으로 코딩해보자.

정답

```python
message = 'python'
for char in message:
  print(char)
```

```
p
y
t
h
o
n
```

해설 두 번째 for 반복문의 예시에서 '일어나세요' 를 'python' 으로만 바꾸면 된다.

세 번째 for 반복문의 예시를 살펴보자. for 반복문과 자주 사용되는 친구가 있다면 바로 range() 함수이다. (함수는 다음 장에서 자세히 설명한다.) range() 는 for 반복문에서 연속된 숫자의 시퀀스를 생성하기 위해 사용한다. 여기서 시퀀스란 다수의 원소가 순서대로 나열된 형태의 데이터를 말한다. 리스트나 문자열을 떠올리면 쉽다. 만약 우리가 1부터 10000까지의 수를 세는 프로그램을 작성한다고 생각해보자. 리스트에 1부터 10000까지 일일이 숫자를 써 넣어야 한다고 하면 생각만 해도 너무 피곤한 일일 것이다. 그리고 작성하다 보면 중간에 놓치는 숫자들도 있을 것이다. 이럴 때 쉽게 사용할 수 있는 함수가 바로 range() 이다.

다음 예시를 통해 range를 사용하는 방법을 알아보자. 먼저 range 옆 괄호에 숫자 하나만 적어보자. 그러면 0부터 적혀진 숫자−1 까지의 연속된 숫자를 출력한다. 이 예시에서 보면 range 옆에 숫자 5를 적었으므로 0부터 5에서 1을 뺀 4까지의 숫자를 순회하여 출력하였다.

```python
for i in range(5):
  print(i)
```

```
0
1
2
3
4
```

그림 1.4.4 for 반복문-3

그러면 0부터 순회하지 않고 내가 원하는 숫자부터 순회하게 하려면 어떻게 하면 될까? 다음 예시를 살펴보자. 이번에는 range 옆 괄호에 시작하기를 원하는 숫자, 마지막으로 순회했으면 하는 숫자+1 을 작성하면 된다. 이 예시에서는 3,9 를 작성하였으므로 3부터 9에서 1을 뺀 8까지를 순회하여 출력하고 프로그램이 종료된다.

```python
for i in range(3,9):
  print(i)
```

```
3
4
5
6
7
8
```

그림 1.4.5 for 반복문-4

그러면 내가 원하는 숫자만큼은 건너뛰고 순회하게 할 수는 없을까? 이것도 range 함수로 가능하다. 예시를 보면서 이를 확인해보자. range 옆 괄호에 시작하기를 원하는 숫자, 마지막으로 순회했으면 하는 숫자+1, 건너뛰기를 원하는 숫자 를 입력해보자. 이 예시에서는 5부터 시작해서 20까지 순회하는데 5씩 건너뛴 숫자만 출력한다.

```python
for i in range(5,21,5):
  print(i)
```

```
5
10
15
20
```

그림 1.4.6 for 반복문-5

for 반복문에서 숫자를 순회할 때 거꾸로 순회하게 할 수는 없을까? 이럴 때는 range 함수 속 숫자를 음수로 설정하면 된다. 3부터 1까지 출력하고 마지막에는 '발사!'를 외칠 수 있게 프로그램을 작성했다. 자세히 살펴보면 첫째 줄에서 3부터 1까지 출력하는데 1을 더하는 것이 아니라 음수로 설정해 1씩 감소하게 하였다. 그리고 if 반복문을 사용하여 숫자가 1이 되면 '발사'가 출력된다.

```python
count = range(3,0,-1)
for i in count:
  print(i)
  if (i) == 1:
    print('발사!')
```

```
3
2
1
발사!
```

그림 1.4.7 for 반복문-6

예제 4.3

'학교 갈 시간이야' 라는 메시지를 여러 번 출력하는 프로그램을 만들고 싶다면 어떻게 해야 할까? for 반복문과 range()를 사용하여 아래 빈칸에 손코딩을 해보고 코랩으로 코딩해보자.

정답

```
message = range(3)
for x in message:
  print('학교 갈 시간이야')
```

```
학교 갈 시간이야
학교 갈 시간이야
학교 갈 시간이야
```

해설 먼저 message라는 변수를 만들고 range() 를 사용해서 3개의 데이터를 갖게 한다. 그리고 for 반복문을 작성하여 3번 반복하게 하고 이에 따른 명령으로는 '학교 갈 시간이야' 라는 메시지를 출력하게 한다. 결론적으로 입력된 메시지가 3번 반복되는 프로그램을 만든 것이다. range() 속 숫자가 3이 아니라 5면 입력된 메시지가 5번 출력될 것이다.

for 반복문에서 자주 활용되는 str() 함수를 알아보자. str은 string의 줄임말로 문자열을 뜻한다. 이 함수는 여러 형태의 값을 문자열로 바꿀 때 사용한다. 보통 for 반복문에서 이 함수를 사용할 때는 문자열과 다른 타입의 값을 연결하여 출력할 때 사용된다. 다음 예시를 한 번 살펴보자. 이 프로그램은 1부터 5까지의 숫자를 순회하는데 숫자 옆에 '!' 를 추가하여 출력하는 것이다. 이때 숫자 데이터(1~5)와 문자 데이터(!)를 연결하여 출력하기 위해 i 를 str() 함수를 통해 문자열로 바꿔주고 문자인 '!' 와 함께 출력할 수 있게 하였다.

```python
for i in range(1,6):
  print(str(i)+'!')
```

```
1!
2!
3!
4!
5!
```

그림 1.4.8 for 반복문-7

예제 4.4

3, 6, 9의 숫자가 들어가면 숫자와 함께 박수를 치는 3 6 9 게임을 해보려고 한다. 숫자는 1부터 20까지 순회한다. for 반복문, range(), str(), if ~ else 조건문을 사용하여 아래 빈칸에 손코딩을 해보고 코랩으로 코딩해보자.

정답

```python
for num in range(1, 21):
    if '3' in str(num) or '6' in str(num) or '9' in str(num):
        print(str(num)+'짝!')
    else:
        print(num)
```

```
1
2
3짝!
4
5
6짝!
7
8
9짝!
10
11
12
13짝!
14
15
16짝!
17
18
19짝!
20
```

해설 우선 1부터 20까지 순회하도록 for 반복문을 사용한다. 그리고 if 옆에는 3, 6, 9가 순회하는 숫자 안에 있는지를 확인한다. 이때 문자로 확인하기 위해 str() 함수를 사용한다. 그리고 if 조건문이 참이라면 그 숫자에 '짝!'을 추가하게 한다. 그리고 3, 6, 9가 없는 숫자라면 그대로 출력하도록 else: 아래에 명령문을 추가한다.

02 while 반복문

while 은 '~하는 동안' 이라는 영어 단어이다. while 반복문은 조건식이 참이라면 거짓이 되기 전까지 계속 명령받은 것을 반복 처리하는 기능을 한다. while 반복문은 while 우측에 조건을 작성하고 콜론(:)을 추가하며 아래 줄에 들여쓰기 후 while 반복문이 반복 처리할 명령을 입력하면 된다. for 반복문처럼 while 반복문을 사용하려면 몇 가지 규칙이 있다.

1. while과 조건문 사이는 띄어 쓴다.
2. 조건문 우측에는 콜론 : 을 추가한다.
3. while 반복문이 실행할 명령은 while 조건문: 아래 줄에 작성한다.
4. 명령을 작성할 때는 들여쓰기가 필요하다. (코랩에서는 자동으로 들여쓰기 된다)

위 조건에 맞춰 작성한 예시를 통해 이해해보자.

```
num = 1
while 10 > num:
  print(num)
```

```
1
1
1
1
1
1
1
```

그림 1.4.9 while 반복문

이 예시를 보면 num 이 10보다 작으면 계속 초기값 1을 출력한다. 문제는 1은 항상 10보다 작기 때문에 무한정으로 반복 처리된다. 이 문제를 '무한 루프'라고 한다. 무한 루프에 빠지면 되면 프로그램이 계속 동작하기 때문에 다음 단계로 진행되지 않으며 그 루프 안에서만 갇히게 된다. 또 CPU 시간과 메모리 시스템 자원을 지속적으로 소비하게 된다. for 반복문과 while 반복문의 가장 큰 차이점은 바로 이것이다. for 반복문은 지정된 범위나 정해진 횟수만큼만 반복되지만 while 반복문은 조건이 변경되지 않으면 반복이 계속된다.

```
for count in range(1,6):
  print(count)
```

```
1
2
3
4
5
```

```
count=1
while count<=5:
  print(count)
  count=count+1
```

```
1
2
3
4
5
```

그림 1.4.10 for 반복문 vs while 반복문

좌측과 우측은 동일한 결과를 출력하고 있다. 자세히 살펴보면 코드가 다른데, 좌측은 for 반복문으로 작성한 것이고, 우측은 while 반복문으로 작성한 것이다. 좌측을 보면 for 조건문에서 데이터 세트의 범위가 명확하게 지정되어 있기 때문에 1부터 5까지만 출력하였다. 반면 우측을 보면 count 데이터가 1부터 1씩 더해지면서 출력되다가 5와 같아지는 상태가 오면 프로그램이 종료된다. 이렇게 while 반복문은 반복문을 종료할 수 있는 명령을 반드시 작성해야 한다.

예제 4.5

3, 6, 9의 숫자가 들어가면 숫자와 함께 박수를 치는 3 6 9 게임을 해보려고 한다. 숫자는 1부터 20까지 순회한다. 이번에는 while 반복문, str(), if ~ else 조건문을 사용하여 아래 빈칸에 손코딩을 해보고 코랩으로 코딩해보자.

정답

```
num = 1
while num < 21:
    if '3' in str(num) or '6' in str(num) or '9' in str(num):
        print(str(num)+'짝!')
    else:
        print(num)
    num = num + 1
```

```
1
2
3짝!
4
5
6짝!
7
8
9짝!
10
11
12
13짝!
14
15
16짝!
17
18
19짝!
20
```

해설 우선 초기값으로 num에 1을 할당한다. 그리고 while을 사용하여 num의 값이 21보다 작으면 참이 되는 조건문을 작성한다. 그리고 while 반복문 안에 if ~ else 반복문을 사용한다. 이 부분은 for 반복문과 동일하다. 그리고 마지막에 num 값에 1을 더하다가 21이 되면 멈출 수 있도록 종료 명령을 추가한다.

03 break, continue

for와 while 반복문에서 반복 처리 횟수를 통제할 수 있는 명령어가 있다. 그것이 break와 continue이다. 자동차를 운전할 때 break는 차를 멈추는데 사용하는 것이다. 파이썬에서도 반복을 중단할 때 break를 사용한다. 예시를 보면서 이해해보자.

```
count = range(20)
for i in count:
  print('*'+str(i+1))
  if (i+1) == 10:
    print('충분해')
    break
```

```
*1
*2
*3
*4
*5
*6
*7
*8
*9
*10
충분해
```

그림 1.4.11 break 명령어

이 예시를 보면 별을 20까지 세도록 프로그램을 처음에 계획했지만 너무 많다고 생각되었는지 10까지만 세면 프로그램을 중단하도록 한 것이다. 그래서 첫 줄에 range(20) 이 세팅되었지만 4번째 줄에 하나씩 더한 숫자들이 10이 되면 '충분해' 를 출력하고 break 명령어를 통해 프로그램이 중단된 것이다.

예제 4.6

휴대폰 배터리가 3% 미만으로 떨어지면 '충전하세요!'라는 메시지가 나오도록 프로그래밍해보자. 단, 10%부터 시작된다. while 반복문, if 조건문, break 명령어를 사용해서 아래 빈칸에 손코딩을 해보고 코랩으로 코딩해보자.

정답

```
battery = 11
while True:
  battery = battery - 1
  print(str(battery)+'%')
  if battery == 3:
    print('충전하세요!')
    break
```

```
10%
9%
8%
7%
6%
```

```
5%
4%
3%
충전하세요!
```

해설 우선 초기값으로 battery에 11을 할당한다. 초기값이 11이면 첫 번째 반복에서 초기 배터리의 잔량을 10%로 출력하게 된다. 그 후 5번째 줄에서 배터리가 3%가 되면 '충전하세요!' 메시지를 출력하고 break 명령어로 반복문을 빠져나오게 된다.

이번에는 continue 명령어를 알아보자. continue는 '계속한다' 는 의미를 가지고 있다. 파이썬에서 continue는 진행 중인 반복을 중단한 다음 다음 순번으로 건너뛴다는 의미이다. 예제를 보면서 이해해보자.

```
stone = ['흑', '흑', '백', '흑', '흑']
for col in stone:
    if col == '백':
        continue
    print(col)
```

```
흑
흑
흑
흑
```

그림 1.4.12 continue 명령어

예제는 검정 바둑돌만 모으는 프로그램이다. 하얀색 바둑돌이 나오면 반복을 중지하고 다음 순번으로 건너뛴다. 첫 번째 줄을 보면 stone 리스트에는 '흑', '흑', '백', '흑', '흑' 의 바둑돌이 있다. 두 번째 줄에서 이 stone 리스트의 각 요소인 col 들을 순회한다. 세 번째 줄에서는 '백' 이 있는지 체크하고 '백'이 있다면 순회를 잠시 멈추고 다시 반복 처리되어 '흑'만 출력하게 된다.

예제 4.7

0부터 20까지의 숫자 중 5의 배수만 출력하는 프로그램을 만들어보자. for 반복문, if 조건문, continue 명령어를 사용해서 아래 빈칸에 손코딩을 해보고 코랩으로 코딩해보자.

정답

```
count = range(20)
for n in count:
  if (n+1) % 5 != 0:
    continue
  print(n+1)
```

```
5
10
15
20
```

해설 우선 count 라는 변수의 범위를 0부터 20으로 지정해준다. 두 번째 줄을 보면 count 범위 내의 요소인 n들을 순회한다. 세 번째 줄에서는 n에 1을 더한 숫자가 5로 나누었을 때 0이 아닌지를 확인한다. '!='는 좌측과 우측이 같지 않다는 의미이다(제3장 참조). 5로 나누어 떨어지는 5의 배수가 아니면 건너뛰고 20까지 다시 반복 처리된다. 결국 5의 배수만 출력된다.

제 5 장

함수

함수를 한자로 풀이하면 函[지닐 함] 數[셈 수]와 같다. 여기에서 지닐 함은 우리가 사물함, 보석함 등 무언가를 보관하는 데 사용하는 함과 같은 자이다. 변수 x와 y가 있다고 가정해보자. x가 정해지면 y가 x값에 따라 오직 하나의 값으로 결정될 때 y는 x의 함수라고 한다. x를 블랙박스에 넣으면 y가 출력된다. 그림으로 쉽게 이해해보자.

그림 1.5.1 함수 예시

음식점에서 음식을 먹고 난 후 입가심으로 커피 기계가 있는 경우를 많이 보았을 것이다. 커피를 마시고 싶은 사람은 기계 근처로 가서 커피 기계를 본다. 커피 기계에는 '아메리카노 500원', '카푸치노 700원', '라떼 600원', '카페모카 800원' 등 다양한 커피 종류와 금액이 적혀 있다. 이 사람은 기계에 500원을 투입하고 '아메리카노'라 적혀있는 버튼을 누른다. 그러면 아메리카노 한 잔이 자동으로 나온다. 이 사람이 넣은 500원은 입력값이 되며 이 입력값을 통해 나온 아메리카노는 출력값, 즉 결괏값이 된다. 이때 커피 기계는 돈을 투입하면 커피를 만들어내는 함수라 할 수 있다.

앞서 프로그래밍에서는 똑같은 일을 하는 코드를 똑같이 계속 입력하는 반복적인 일을 비효율적으로 여긴다는 것을 학습하였다. 따라서 파이썬에서는 이렇게 반복되는 부분을 묶어서 함수로 작성해서 사용할 것을 권한다. 제 2 장 데이터 초반에 배웠던 함수 print()를 기억할 것이다. print()는 지정된 값을 출력하는 역할을 한다. 그리고 함수 len()은 데이터 길이를 알려주는 함수이다. 이처럼 우리는 몇 가지 함수를 이미 학습했다. 이번 장에서는 파이썬에서 사용되는 여러 가지 함수와 그 종류를 배워보겠다. 이번 장을 학습하면 파이썬을 더욱 효율적으로 사용할 수 있을 것이다.

01 내장 함수

이사나 집 구매를 위해 새로운 집을 보러 가본 적이 있는가? 이때 주방에 냉장고, 식기세척기, 오븐 등이 이미 가구로 설치되어있는 경우를 본 적이 있을 것이다. 이러한 가전이나 가구를 빌트인built-in 가구라고 하는데 내장 함수를 영어로 하면 built-in function이다. 내장 함수는 파이썬 내에 이미 저장되어 있어 기본적으로 제공하는 함수를 말한다. 그럼 파이썬 안에는 얼마나 많은 내장 함수가 저장되어 있을까? 파이썬 안에는 70개 이상의 함수가 있다. 이 함수들을 다 외워서 쓸 필요는 없고 파이썬에서 이 함수들의 사용 예시를 모두 설명하고 있다. 원하는 함수가 있다면 골라서 사용하면 된다. 우선 파이썬에서 내장 함수를 검색하는 방법을 알아본다.

① https://docs.python.org/3/library/functions.html 에 접속한다.

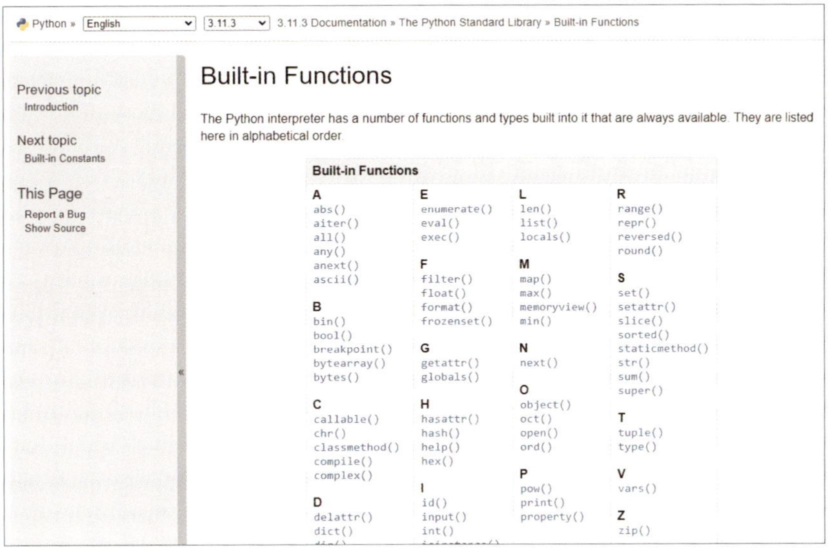

그림 1.5.2 파이썬 내장 함수 검색-1

❷ 사용하고 싶은 내장 함수를 클릭한다. 여기에서는 len() 함수를 클릭해보겠다. 그럼 자동으로 len() 함수를 설명하는 섹션으로 넘어간다. 아래 그림은 len() 함수의 설명글이다.

len(*s*)
Return the length (the number of items) of an object. The argument may be a sequence (such as a string, bytes, tuple, list, or range) or a collection (such as a dictionary, set, or frozen set).

그림 1.5.3 파이썬 내장 함수 검색-2

❸ 설명글이 영어로 되어 있어서 불편하다면 한국어로 볼 수도 있다. 좌측 상단의 English 라고 적힌 곳을 클릭한다.

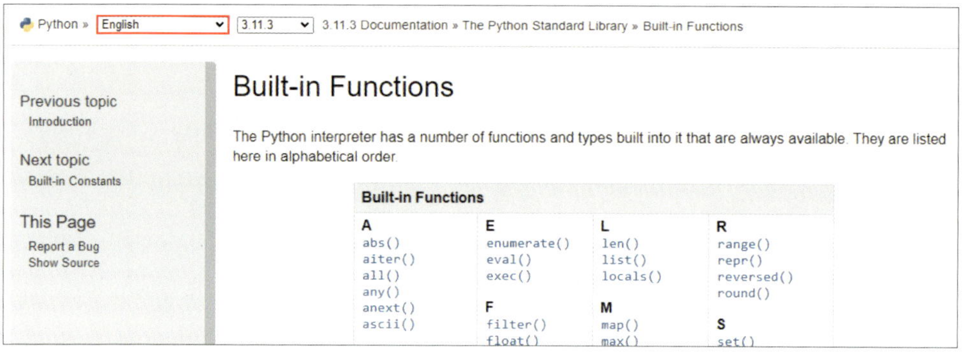

그림 1.5.4 파이썬 내장 함수 검색-3

❹ 그러면 아래로 Spanish, French, Japanese 등 여러 언어가 나타나는데 다섯 번째에 있는 Korean 을 선택한다. 그럼 자동으로 페이지의 글이 한국어로 전환된다. 아래는 len() 함수의 한국어 설명글이다.

len(*s*)
객체의 길이 (항목 수)를 돌려줍니다. 인자는 시퀀스 (문자열, 바이트열, 튜플, 리스트 또는 range 같은) 또는 컬렉션 (딕셔너리, 집합 또는 불변 집합 같은) 일 수 있습니다.

그림 1.5.5 파이썬 내장 함수 검색-4

이번 장에서는 앞에서 언급되었던 print(), len(), range(), str() 함수는 제외하고 여러분들이 자주 사용할만한 파이썬 내장 함수 몇 가지를 사용 예시와 함께 소개한다.

input()

input()은 사용자로부터 입력을 받는 함수이다. 이 함수는 주로 print() 함수와 자주 사용되는데 사용자가 입력한 값을 문자열로 반환하는 역할을 한다. 사용자와 상호작용을 할 때 사용된다. 기본적으로 어떠한 변수에 input() 함수를 사용하여 사용자에게 나타낼 문구를 작성한다. 그리고 아랫줄에 print() 함수를 사용하여 이 변수를 반환하면서 원하는 문구를 출력할 수 있게 작성하면 된다. 다음 예시를 보자.

```
name = input('당신의 이름은 무엇입니까?')
print('안녕하세요,' + name + '님! 파이썬의 세계에 오신 것을 환영합니다.')
```

```
당신의 이름은 무엇입니까?김사랑
안녕하세요, 김사랑님! 파이썬의 세계에 오신 것을 환영합니다.
```

그림 1.5.6 파이썬 내장 함수: input()

우선 name이라는 변수를 만드는데 input 우측 괄호 안에 '당신의 이름은 무엇입니까?' 라는 문구를 먼저 출력하여 사용자에게 원하는 값을 입력할 수 있도록 한다. 그러면 당신의 이름은 무엇입니까? 라는 문구와 함께 우측에 빈칸이 뜬다. 위 예시는 '김사랑' 이라는 이름을 입력한 것이다. 그러면 print() 함수를 사용하여 사용자가 작성한 변수와 함께 미리 입력된 문구를 함께 출력할 수 있도록 했다. 따라서 '안녕하세요, 김사랑(name)님! 파이썬의 세계에 오신 것을 환영합니다.' 라는 문구가 함께 출력된 것이다.

int()

input() 함수를 사용할 때 주의해야 할 점이 있다. input() 함수는 앞서 설명한 바와 같이 입력값을 문자열로 반환한다. 만약 숫자를 입력하려면 이 문자열을 숫자 데이터로 변환해야 한다. 이때 사용되는 함수가 int() 함수이다. int는 정수를 의미하는 integer의 줄임말이다. int 우측 괄호 안에 정수로 변환하고자 하는 문자열을 입력하면 된다.

```python
age = int(input('당신은 몇 살입니까?'))
print('당신의 나이는', str(age),'세입니다.')
```

```
당신은 몇 살입니까?
당신의 나이는 15세입니다.
```

그림 1.5.7 파이썬 내장 함수: int()

int(), input(), print() 함수를 함께 사용한 예시이다. age 라는 변수에 input() 함수를 작성해주는데, 사용자가 숫자를 입력할 것이므로 그 밖을 int() 함수로 감싸준다. 그러면 '당신은 몇 살입니까?'라고 출력된다. 사용자가 숫자를 입력한다. 변수와 함께 출력을 원하는 문구를 print() 함수에 입력하였으므로 '당신의 나이는 15세입니다.' 라고 출력된다. age 변수 앞에 str() 함수를 함께 쓴 이유는 정수형으로 바뀐 데이터와 입력된 문자 데이터의 유형을 문자 데이터로 일치시키기 위함이다.

예제 5.1

이름, 나이, 성별, 소속회사를 적으면 본인의 인적사항을 출력해주는 프로그램을 만들어보자. input(), int(), print() 함수를 사용해서 아래 빈칸에 손코딩을 해보고 코랩으로 코딩해보자.

정답

```
name = input('이름을 입력하세요.')
age = int(input('나이를 입력하세요.'))
gender = input('성별을 입력하세요.')
company = input('소속 회사를 입력하세요.')
print('안녕하세요, ' + name + '님! 당신은 ' + gender +'이며, ' +
str(age) +'세이고,' + company +' 소속입니다.
```

```
이름을 입력하세요.김사랑
나이를 입력하세요.25
성별을 입력하세요.여성
소속 회사를 입력하세요.한국회사
안녕하세요. 김사랑님! 당신은 여성이며, 25세이고, 한국회사 소속입니다.'
```

해설 우선 이름, 나이, 성별, 소속회사의 변수를 input() 함수를 통해 만든다. 이 중 age는 숫자이므로 int() 함수를 함께 사용했다. 사용자가 자신의 인적사항을 모두 적으면 특정 문구를 출력할 수 있도록 마지막 줄을 작성했다. 마지막 str() 함수는 age 만 숫자 데이터이기 때문에 데이터 유형을 문자로 변환하여 다른 데이터와 통일시키기 위해 사용한 것이다.

max()

max는 최댓값을 의미하는 maximum의 줄임말로 max()는 리스트나 문자열 등 시퀀스의 최댓값을 반환하는 함수이다. 다음은 범위를 나타내는 range()를 사용해서 최댓값을 출력한 것이다. 1에서 99까지의 숫자 중 가장 큰 수는 99이기 때문에 99가 출력되었다.

```
numbers = range(1,100)
print(max(numbers))
```

```
99
```

그림 1.5.8 파이썬 내장 함수: max()–1

이번에는 리스트에서 최댓값을 출력해보자. 순서 없이 나열된 숫자 101, 88, 213, 523, 102 중 가장 큰 수인 523이 반환되었다.

```
numbers = [101, 88, 213, 523, 102]
print(max(numbers))
```

```
523
```

그림 1.5.9 파이썬 내장 함수: max()–2

신기하게도 max 함수는 최댓값을 구하기 때문에 숫자 데이터에 대해서만 사용될 것 같지만 문자 데이터에도 사용된다. 문자 데이터의 최댓값은 사전 순으로 나열했을 때 가장 나중에 나오는 문자를 말한다. 예시를 보면 ap– 로 시작하는 여러 영어 단어 중 가장 최댓값은 사전 순 가장 후순위로 나오는 approach가 반환되었다.

```
alphabet = ['apple', 'apartment', 'appear', 'approach', 'ape']
print(max(alphabet))
```

```
approach
```

그림 1.5.10 파이썬 내장 함수: max()–3

min()

max()가 최댓값을 반환해주는 함수라면 min()은 최솟값을 반환해주는 함수이다. min은 minimum의 약자이다. min() 함수는 max() 함수와 기본적으로 동일하게 사용되고 반환되는 값만 최솟값으로 생각하면 된다. 다음 예시는 1부터 99중 가장 작은 숫자인 1이 반환된 것이다.

```
numbers = range(1,100)
print(min(numbers))
```

```
1
```

그림 1.5.11 파이썬 내장 함수: min()–1

다음은 리스트의 최솟값을 출력한 예시이다. 마찬가지로 리스트 상 가장 작은 수인 88이 반환되었다.

```
numbers = [101, 88, 213, 523, 102]
print(min(numbers))
```

```
88
```

그림 1.5.12 파이썬 내장 함수: min()–2

min() 함수도 max() 함수와 마찬가지로 문자 데이터에도 사용되는데 사전순으로 후순위에 해당하는 데이터의 출력인 max() 함수와 반대로 사전순으로 가장 첫 번째, 즉 선순위에 해당하는 데이터를 반환한다. 이번에는 영어가 아닌 한국어로 예시를 들어본다. 영어와 달리 한글은 받침이 있어 사전순 정렬이 어려울 때가 있다. 이때 min 함수를 사용하면 간단하게 사전순으로 어떤 단어가 선순위에 위치하는지 확인할 수 있다.

```
korean = ['간디', '가방', '강아지', '고래', '구심점']
print(min(korean))
```

```
가방
```

그림 1.5.13 파이썬 내장 함수: min()–3

예제 5.2

1부터 6까지 육 면으로 된 주사위에서 나올 수 있는 가장 큰 수와 가장 작은 수를 출력하는 프로그램을 만들어보자. range(), max(), min(), print() 함수를 사용해서 아래 빈칸에 손코딩을 해보고 코랩으로 코딩해보자.

정답

```
dice = [1, 2, 3, 4, 5, 6]
print('주사위에서 가장 큰 수는', max(dice))
print('주사위에서 가장 작은 수는', min(dice))
```

```
주사위에서 가장 큰 수는 6
주사위에서 가장 작은 수는 1
```

해설 주사위에 1부터 6까지의 숫자가 있으므로 range(1, 7) 을 입력한다. 리스트로 하려면 dice = [1, 2, 3, 4, 5, 6] 으로 첫째 줄을 작성해도 된다. 그리고 두 번째 줄과 세 번째 줄에 출력된 결과를 나타낼 수 있도록 print() 함수를 사용하였다.

sum()

sum()은 엑셀을 사용해봤다면 쉽게 유추할 수 있을 것 같은데, summary의 약자로 데이터의 합을 구하는 함수이다. 사용 방법은 다음과 같다. 변수에 리스트로 합을 구하기를 원하는 여러 숫자를 나열하고 print() 함수에 sum() 함수를 사용하여 numbers 변수에 속한 숫자 데이터를 합하여 출력하라고 명령하면 된다.

```
numbers = [110332, 5623, 3221, 2523]
print(sum(numbers))
```

```
121699
```

그림 1.5.14 파이썬 내장 함수: sum()

type()

type은 유형, 종류를 뜻하는 단어이다. type() 함수는 이에 기인하여 데이터의 유형을 알려주는 함수이다. 제 2 장에서 배운 다양한 데이터의 유형을 이 함수를 통해 알 수 있다. 데이터 유형의 구분이 쉬울 것 같지만 종종 데이터 유형을 혼동하여 연산의 결과가 나타나지 않거나 오류가 발생하는 경우가 있다. 또한 데이터 유형을 알면 메모리를 최적화하거나 데이터 처리와 분석 방식을 결정하는 데 도움이 된다. type() 함수를 사용하는 법은 간단한데, 변수를 지정해준 다음 이 변수를 print() 함수 안에 넣어 확인하면 된다.

우선 정수형부터 확인해보자. 45라는 데이터를 x 라는 변수에 할당하고 type 함수를 사용하여 출력하면 class 'int' 라고 출력된다. int는 integer를 의미하며 45가 정수 데이터임을 의미한다.

```
x = 45
print(type(x))
```

```
<class 'int'>
```

그림 1.5.15 파이썬 내장 함수: type()-1

이번에는 소수점이 포함된 숫자 데이터를 입력하였다. class 'float' 라고 출력되었으므로 x는 실수 데이터임이 확인되었다.

```
x = 11.13
print(type(x))
```

```
<class 'float'>
```

그림 1.5.16 파이썬 내장 함수: type()-2

이번에는 변수 x에 '대한민국' 이라는 문자 데이터를 입력하였으며, class 'str' 라고 출력되었으므로 문자열을 의미하는 string의 약자이기 때문에 x는 문자열임을 알 수 있다.

```
x = '대한민국'
print(type(x))
```

```
<class 'str'>
```

그림 1.5.17 파이썬 내장 함수: type()-3

02 사용자 정의 함수

파이썬에서는 사용자의 함수 이용이 편리하도록 여러 내장 함수를 제공하고 있다. 하지만 사용자가 원하는 작업이 내장 함수에 없어도 이를 용이하게 할 수 있도록 자신만의 함수를 만들어서 사용할 수도 있다. 사용자 정의 함수는 함수의 이름, 입력값, 결괏값을 생각하면 되는데, 사용자 정의 함수를 만들 때는 다음과 같이 몇 가지 규칙이 있다.

1. 명령어 def로 시작한다. def 우측에는 함수 이름과 괄호()를 입력한다. 괄호 안에는 매개변수를 입력하거나 쓸 변수가 없다면 비워두어도 된다. 괄호 옆에는 콜론:을 입력한다.
2. 이때 함수의 이름은 숫자로 시작하거나 공백을 사용할 수 없다. 또한, 특수문자는 언더바(_)만 사용할 수 있고 파이썬 예약어를 사용할 수 없다. (변수 이름 지을 때와 동일)
3. def 로 함수 이름을 지정한 후 아랫줄에는 실행할 명령을 작성한다. 명령을 작성할 때는 들여쓰기가 필요하다. (코랩에서는 자동으로 들여쓰기 된다)
4. 명령 아래에는 return 반환값을 작성하는데 반환값이 없는 경우에는 return을 작성하지 않는다. 이때에도 들여쓰기가 필요하다.
5. 마지막으로 함수를 사용하기 위한 명령어를 작성한다. 이때는 들여쓰기하지 않는다.

위 규칙에 맞춰 작성한 예시를 통해 이해해보자.

```python
def len_sum(a, b):
  result = len(a)+len(b)
  return result
a = 'integer'
b = 'python'
print(len_sum(a, b))
```

```
13
```

그림 1.5.18 파이썬 사용자 정의 함수-1

이 함수는 데이터의 길이를 구하여 더해주는 함수를 만들어본 것이다. 함수 이름은 len_sum으로 하였으며, 여기에는 변수 a와 b가 포함된다. 첫 번째 줄은 사용자가 새로운 함수를 선언[정의]한 것이다. 두 번째 줄을 보면 이 함수의 기능을 수행할 명령문을 작성한 것이다. 데이터의 길이를 구하여 더해야 하기 때문에 len() 함수를 사용했고 + 를 사용하여 데이터 길이의 값을 더한 것이다. 세 번째 줄은 함수가 반환해야 할 값이 무엇인지를 알려주는 것이다. 그리고 여기에서는 a와 b에 들어갈 변수를 알려주었는데, 이는 네 번째와 다섯 번째 줄을 보면 된다. 마지막으로 여섯 번째 줄은 함수를 사용하기 위하여 함수를 호출한 것이다. 예시의 코드를 시각적으로 표현하면 다음의 그림과 같다.

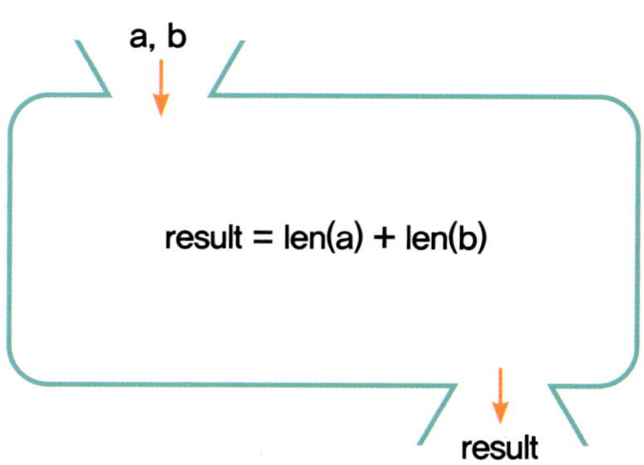

그림 1.5.19 파이썬 사용자 정의 함수-2

함수라는 블랙박스 안에 a와 b를 입력하면 a와 b의 데이터의 길이를 구하여 더하고 이를 함수 바깥으로 반환하는 것이다.

예제 5.3

그 사람이 나를 사랑하는지 대화를 듣고 마음을 꿰뚫는 프로그램을 만들어보자. 문장에 '사랑'이 들어가면 '그 사람이 나를 사랑하나봐!' 를 출력하고, 들어가지 않으면 '그 사람이 나를 사랑하지 않는걸까?'를 출력하도록 하자. '난 너를 사랑해.' 라는 문장과 '난 너를 좋아해.' 라는 문장을 넣어보고 그 사람이 나를 사랑하는지 판단해보자. 사용자 정의 함수를 새로 만들고 if ~ else ~ 조건문, print() 함수를 사용해서 아래 빈칸에 손코딩을 해보고 코랩으로 코딩해보자.

정답

```
def find_love(sentence):
        if '사랑' in sentence:
          print('그 사람이 나를 사랑하나봐!')
        else:
          print('그 사람이 나를 사랑하지 않는걸까?')

sentence = '난 너를 사랑해.'
find_love(sentence)
sentence = '난 너를 좋아해.'
find_love(sentence)
```

```
그 사람이 나를 사랑하나봐!
그 사람이 나를 사랑하지 않는걸까?
```

해설 우선 함수를 정의해주어야 한다. 여기에서는 find_love라는 이름의 함수를 만들고 변수로는 sentence를 넣었다. 그리고 그 둘째 줄에 if 문을 시작했는데, True 인 상황은 if 우측으로 작성해주었고, True 인 경우 셋째 줄의 명령어를 처리하도록 했다. 그리고 else: 를 넷째 줄에 작성했고 다섯째 줄에는 거짓일 경우, 즉 문장에 '사랑' 이라는 단어가 없을 경우 처리할 명령을 작성했다. 그 아래에는 시험해 볼 문장인 '난 너를 사랑해.' 와 '난 너를 좋아해.'를 입력한다. sentence 아래에는 함수를 호출하면 된다. 만약 마지막에 호출하는 명령을 한 번만 작성하면 마지막 문장인 '난 너를 좋아해.'만 처리하게 되므로 문장마다 함수를 호출해야 한다.

03 전역 변수, 지역 변수

제 2 장에서 우리는 변화하는 수를 의미하는 변수를 학습했다. 그렇다면 이번에 다룰 전역 변수와 지역 변수는 무엇을 뜻하는 것일까? 변수는 프로그램 내에서 유효하게 작용하는 범위가 있다.

전역 변수는 영어로 Global Variable 이라고 한다. Global은 '전반적인/포괄적인' 이라는 의미가 있다. 따라서 프로그램 전체에 이 변수가 영향을 미친다. 그리고 프로그램이 실행될 때 생성되고 프로그램이 종료될 때까지 유지된다. 전역 변수를 사용하려면 함수 외부에서 선언하면 된다. 다음 예시를 보고 전역 변수의 사용 방법을 익혀보자.

```
global_variable = 'I love the world.'
def func():
  print(global_variable)

func()
print(global_variable)
```

```
I love the world.
I love the world.
```

그림 1.5.20 전역 변수

전역 변수를 사용한 예시를 보자. 첫 번째 줄에 global_variable 이라는 변수를 만들었다. 그리고 두 번째 줄에 func() 라는 함수를 정의했다. 이 함수는 global_variable 변수를 출력하는 기능을 한다. 네 번째 줄을 보면 func()함수를 호출했고, 다섯 번째 줄을 보면 global_variable 변수를 출력하라는 print() 함수를 사용했다. 출력 결과 'I love the world.' 가 네 번째, 다섯 번째 줄의 코드를 통해 두 번 출력된 것을 알 수 있다.

반면 지역 변수는 영어로 Local Variable 이라고 하는데, Local은 '국소적인/일부의' 등의 뜻이 있다. 지역 변수는 사용자가 지정한 특정 범위 내에서만 유효하다. 그래서 지역 변수는 함수가 호출되면 생성되고 반환되면 소멸되는 특징을 가지고 있다. 다음 예시를 보고 지역 변수의 사용 방법을 익혀보자.

```
def func():
    local_variable = 'I love Korea.'
    print(local_variable)

func()
print(local_variable)

I love Korea.
---------------------------------------------------------------------------
NameError                                 Traceback (most recent call last)
<ipython-input-4-35711b8e2f3a> in <cell line: 6>()
      4
      5 func()
----> 6 print(local_variable)

NameError: name 'local_variable' is not defined
```

그림 1.5.21 지역 변수

지역 변수를 사용한 예시를 보자. 전역 변수와 달리 첫 번째 줄에서 바로 함수를 정의했다. func() 라는 함수 아래 두 번째 줄을 보면 local_variable 이라는 변수를 만들었으며, 세 번째 줄을 보면 이 함수는 local_variable 변수를 출력하는 기능을 한다. 네 번째 줄에서는 func() 함수를 호출하고 다섯 번째 줄에서는 local_variable 을 출력하라는 명령을 내렸다. 그 결과, 네 번째 줄의 func() 함수는 정상적으로 local_variable 에 할당된 'I love Korea.' 를 출력했으나, 다섯 번째 줄의 명령은 실행하지 못했다. 출력창 가장 마지막 줄에 보면 오류에 대한 설명이 나와 있는데, local_variable 이 정의되지 않았기 때문이라고 하였다. 이는 local_variable

변수가 func() 함수 안에서 선언되었기 때문에 지역 변수로 이 함수 내에서만 유효한 것이다. 따라서, 함수를 벗어난 후에는 작동하지 않았던 것이다.

예제 5.4

비밀번호를 맞히면 통과할 수 있는 프로그램을 만들어보자. 비밀번호는 13579 이다. 시도는 세 번 할 수 있다. 정답이면 '입장을 허가합니다.' 라는 문구가 출력되지만, 비밀번호가 3회 이상 틀릴 경우에는 '비밀번호를 3회 이상 틀렸습니다.' 라는 문구가 출력되며 프로그램이 종료된다. 그리고 비밀번호가 틀렸을 때는 '비밀번호가 틀렸습니다. 다시 시도하세요. ' 라는 문구가 출력된다. 비밀번호를 3회 안에 맞히면 '입장을 허가합니다.' 라는 문구가 출력되고 프로그램이 종료된다. 게임을 시작하면 '비밀번호를 정확히 입력하셔야 통과할 수 있습니다. '라는 문구와 함께 시작된다. 그리고 '비밀번호를 입력하세요.(힌트: 숫자 다섯 자리)' 라는 문구가 출력된다. 비밀번호 13579는 전역 변수로, 시도 횟수는 지역 변수로 지정하고 사용자로부터 입력받은 비밀번호와 전역 변수인 비밀번호를 비교하는 프로그램이다. 전역 변수, 지역 변수, 사용자 정의 함수, while 반복문, if 조건문, input(), print() 함수를 사용하여 아래 빈칸에 손코딩을 해보고 코랩으로 코딩해보자.

정답

```python
password = '13579'
def guess_code():
  attempt = 0
  while True:
    guess = input('비밀번호를 입력하세요.(힌트: 숫자 다섯 자리) ')
    attempt = attempt + 1

    if guess == password:
      print('입장을 허가합니다.')
      break

    if attempt >= 3:
      print('비밀번호를 3회 이상 틀렸습니다. ')
      break

    print('비밀번호가 틀렸습니다. 다시 시도하세요. ')

def game_play():
    print('비밀번호를 정확히 입력하셔야 통과할 수 있습니다. ')
    guess_code()

game_play()
```

```
비밀번호를 정확히 입력하셔야 통과할 수 있습니다.
비밀번호를 입력하세요.(힌트: 숫자 다섯 자리) 12345
비밀번호가 틀렸습니다. 다시 시도하세요.
비밀번호를 입력하세요. (힌트: 숫자 다섯 자리) 45678
비밀번호가 틀렸습니다. 다시 시도하세요.
비밀번호를 입력하세요. (힌트: 숫자 다섯 자리) 78978
비밀번호를 3회 이상 틀렸습니다. 다시 시도하세요.
```

해설 우선 첫 번째 줄에 전역 변수로 password를 생성한다. 두 번째 줄에서는 사용자 정의 함수로 guess code() 라는 함수를 정의한다. 세 번째 줄에서 이 함수는 처음 시도 횟수는 0으로 시작하고, 네 번째 줄에서는 진실일 때 반복할 while 조건문을 작성한다. 다섯 번째 줄에서는 사용자와의 상호작용을 위해 input() 함수를 사용하고 사용자에게 출력될 문구를 작성했다. 여섯 번째 줄을 보면 세 번째 줄에서 정의한 변수 attempt 가 늘어남을 표현했다. 일곱 번째 줄을 보면 if 조건문을 사용해서 guess가 password 변수와 일치할 경우, 여덟 번째 줄의 문구를 출력하고, 아홉 번째 줄의 break 명령을 수행한다. 열 번째 줄은 if 조건문을 사용하여 3번 이상으로 attempt 가 늘어날 경우 열한 번째 줄의 문구를 출력하고 열두 번째 줄의 break 명령을 수행하는 것이다. 열세 번째 줄에서는 비밀번호가 3회 이하로 틀렸을 경우 출력할 문구를 작성했다. 열네 번째 줄에서는 게임을 시작하는 함수로 사용자 지정 함수인 game_play() 라는 함수를 새롭게 만들었고, 열다섯 번째 줄을 보면 이 함수는 게임을 시작하기 위한 문구를 출력하도록 하였다. 그리고 열여섯 번째 줄에서 guess_code 함수를 호출하였다. 마지막 줄에서는 game_play 함수를 호출하며 프로그램을 시작한다.

정수론과 파이썬

제 1 장

가분성

</>

수학 이야기

01 최초의 수학 교과서를 쓴 유클리드

그림 2.1.1. 유클리드(B.C. 330? ~ 275?)

기원전 3~4세기에 고대 그리스에서 활동했던 유클리드[Euclid]는 당시 가장 저명한 수학자이자 세계 최초의 대학으로 알려진 알렉산드리아 대학에서 수학 교수로 재직했다고 알려져 있다.

그는 〈원론, The Elements〉를 기원전 330~320년경에 편찬했다고 추정되는데 이 책은 성경 다음으로 전 세계에서 가장 많이 읽힌 책이라고 한다. 원론은 기하학과 산술에 관한 내용을 담고 있으며, 1권부터 4권까지는 평면기하, 5권부터 9권까지는 정수론, 10권부터 13권까지는 입체기하로 구성되어 총 13권의 책으로 집필되었다. 원론은 유클리드 한 사람만의 주장이나 창작물이라기보다는 피타고라스, 에우독소스, 테아이테토스 등의 이론을 정리하기도 하고 자신이 창작한 기하학 관련 내용도 함께 포함되어 있다. 즉, 〈원론〉은 당시의 수학적 지식을 모두 집대성하여 체계적으로 정리하있다는 데에 그 의의가 있다.

02 나눗셈 알고리즘

정리 1.1

나눗셈 알고리즘, Division Algorithm

두 정수 $a, b(\neq 0)$에 대하여

$$a = bq + r, \qquad 0 \leq r < |b|$$

인 두 정수 q, r가 존재하고 이와 같은 정수 q, r는 각각 하나뿐이다. 여기서, 두 정수 q, r를 각각 a를 b로 나누었을 때의 몫(quotient), 나머지(remainder)라고 한다.

나눗셈 알고리즘은 몫과 나머지를 계산하는 절차를 제공해 주지는 못하므로 진정한 의미의 알고리즘은 아니다. 이러한 이유로 책에 따라서는 나눗셈 정리라고 부르기도 한다.

예제 1.1

다음은 초등수학 교과서에 나오는 몫과 나머지의 약속하기이다. 여기서 나타날 수 있는 오개념을 생각해보자.

19를 5로 나누면 몫은 3이고 4가 남습니다.

이때 4를 19÷5의 나머지라고 합니다.

19÷5=3…4

나머지가 없으면 나머지가 0이라고 말할 수 있습니다.

나머지가 0일 때, 나누어떨어진다고 합니다.

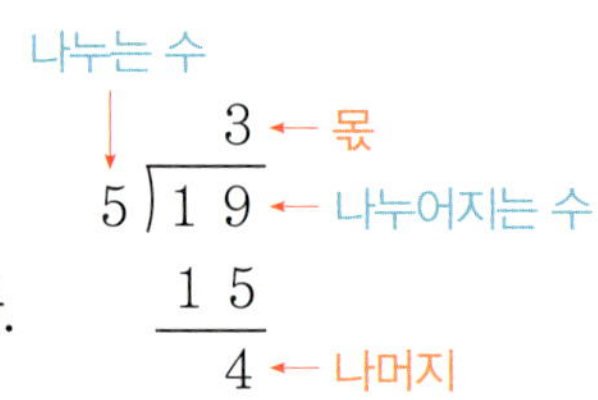

2.1 나눗셈 상황

나눗셈은 크게 두 가지의 상황으로 나눌 수 있다. 하나는 측정 또는 동수누감의 의미를 담는 포함제 상황이고, 또 다른 하나는 분배의 의미가 내포된 등분제 상황이다.

포함제 나눗셈

```
def divide(a, b):          # a > 0, b > 0 인 경우
    q = 0
    while a >= b:
        a = a - b
        q = q + 1
    print("몫: {}, 나머지: {}".format(q, a))
```

```
>>> divide(19, 5)
몫:  3,  나머지:  4
```

등분제 나눗셈

```
def divide(a, b):               # a > 0, b > 0 인 경우
    D = []
    while a >= b:
        a = a - b
        D.append("o")
    print(D)
    print("몫: {}, 나머자: {}".format(len(D), a))
```

```
>>> divide(19, 5)
['o', 'o', 'o']
몫: 3, 나머지: 4
```

예제 1.2

플로리다에서는 자동차 운전면허 번호 끝에서 네 번째와 다섯 번째 숫자가 출생 연도를 나타낸다. 태어난 달이 m이고 태어난 날이 b인 남성의 끝에서 세 자리는 $40(m - 1) + b$ 로 표시된다. 여성의 경우 숫자는 $40(m - 1) + b + 500$이다. 번호 42218 및 53953에 해당하는 출생연도, 월일 및 성별을 결정하라.

위의 문제를 파이썬으로 코딩하면 다음과 같다.

- 월일: 다섯자리 숫자 $a = a_4a_3a_2a_1a_0$ 를 10^3으로 나눈 나머지는 끝에서 세자리 $a_2a_1a_0$이다. 예를 들어,

```
>>> 42218 % 10**3
218
>>> 53953 % 10**3
953
```

이렇게 구한 세자리 수를 40으로 나눈 몫과 나머지를 구한다. 만일 세자리 수 $a_2a_1a_0$가 500보다 크거나 같으면 500을 뺀 후 40으로 나눈 몫과 나머지를 구한다.

```
>>> 218 // 40
5
>>> 218 % 40
18
>>> 453 // 40
11
>>> 453 % 40
13
```

• 년도: $(a - a_2a_1a_0)$를 10^3으로 나눈다.

```
>>> int((42218 - 218) / 10**3)
42
>>> int((53953 - 953) / 10**3)
53
```

• 성별: $a_2a_1a_0 < 500$ 이면 남성, 그렇지 않으면 여성

```
def driver(a):
    print("{}, 19{}년, {}월, {}일".format(sex(a), year(a), md_num(a)//40 + 
1, md_num(a)%40))

def md_num(a):
    if a % 10**3 < 500:
        return a % 10**3
    else:
        return a % 10**3 - 500

def year(a):
    return int((a - a % 10**3) / 10**3)

def sex(a):
    if a % 10**3 < 500:
        return "남성"
    else:
        return "여성"
```

```
>>> driver(42218)
남성, 1942년, 6월, 18일
>>> driver(53953)
여성, 1953년, 12월, 13일
```

2.2 나누는 수가 음수

나눗셈 알고리즘에 의하면 다음을 알 수 있다.

$$4 = -7 \times 0 + 4 \qquad \text{몫: 0, 나머지: 4}$$

$$-4 = -3 \times 2 + 2 \qquad \text{몫: 2, 나머지: 2}$$

$$-4 = -7 \times 1 + 3 \qquad \text{몫: 1, 나머지: 3}$$

그러나 파이썬에서의 나머지를 의미하는 연산자 %는 주어진 정수를 음수로 나누는 경우에 나머지를 의미하지는 않는다.

```
>>> 4 % -7
-3
>>> -4 % -3
-1
>>> -4 % -7
-4
```

이제, 나누는 수가 음수인 경우 나눗셈 알고리즘과 파이썬의 결과가 같게 만드는 코드를 작성하는 아이디어를 생각해보자.

❶ $a > 0, b < 0$인 경우

- $a > -b$:

$$\begin{aligned} a &= (-b) \times q + r, \quad 0 \le r < -b \\ &= b \times (-q) + r, \quad 0 \le r < |b| \end{aligned}$$

- $a = -b$:

$$\begin{aligned} a &= (-b) \times 1 + 0 \\ &= b \times (-1) + 0 \end{aligned}$$

- $a < -b$:

$$\begin{aligned} a &= (-b) \times 0 + a \\ &= b \times 0 + a \end{aligned}$$

❷ $a < 0, b < 0$ 인 경우

- $-a > -b$

$$-a = (-b) \times q + r, \quad 0 \le r < -b$$

  - $r = 0$:

$$\begin{aligned} -a &= (-b) \times q \qquad (q - 1, -b),\ r = -a = -b \\ a &= b \times q \end{aligned}$$

  - $r > 0$:

$$\begin{aligned} -a &= (-b) \times q + r, \quad 0 < r < -b \\ a &= b \times q - r, \quad b < -r < 0 \\ &= b \times (q+1) + (-b - r), \quad 0 < -b - r < -b = |b| \end{aligned}$$

- $-a = -b$

$$\begin{aligned} -a &= (-b) \times 1 + 0 \\ a &= b \times 1 + 0 \end{aligned}$$

- $-a < -b$

$$-a = (-b) \times 0 - a, \quad 0 < -a < -b$$

$$a = b \times 1 + (-b + a), \quad 0 < -b + a < -b = |b|$$

```
def division_algorithm(a, b):
    if a == 0:
        print("몫: {}, 나머지: {}".format(0, 0))
    else:
        if a > 0 and b > 0:
            q = 0
            while a >= b:
                a = a - b
                q = q + 1
            print("몫: {}, 나머지: {}".format(q, a))

        if a > 0 and b < 0:
            q = 0
            while a >= -b:
                a = a + b
                q = q + 1
            print("몫: {}, 나머지: {}".format(-q, a))

        if a < 0 and b > 0:
            q = 0
            while -a > b:
                a = a + b
                q = q + 1
            print("몫: {}, 나머지: {}".format(-q-1, b+a))
```

```
    if a < 0 and b < 0:
        q = 0
        while -a > -b:
            a = a - b
            q = q + 1
        print("몫: {}, 나머지: {}".format(q + 1, -b+a))

>>> division_algorithm(4, -3)
몫: -1, 나머지: 1
>>> division_algorithm(4, -7)
몫: 0, 나머지: 4
>>> division_algorithm(-4, -3)
몫: 2, 나머지: 2
>>> division_algorithm(-4, -7)
몫: 1, 나머지: 3
```

정의 (최저한도, 최고한도) 실수 $x \in \mathbb{R}$에 대하여, x를 넘지 않는 가장 큰 정수를 x의 정수부분integral part이라 하고, 기호 $\lfloor x \rfloor$를 사용하여 나타낸다 (그림 2.1.2 참조). 또한, 실수 $x - \lfloor x \rfloor$를 x의 소수부분decimal part이라 하고, 이것을 $\{x\}$로 나타낸다. 즉,

$$x = \lfloor x \rfloor + \{x\}, \quad \lfloor x \rfloor \in \mathbb{Z}, 0 \leq \{x\} < 1$$

흔히, $\lfloor x \rfloor$를 x의 최저한도floor라고 부르고,

$$f : \mathbb{R} \to \mathbb{R}, \ f(x) = \lfloor x \rfloor$$

를 가우스 함수Gauss function라고 한다.

그리고, x보다 크거나 같은 정수 중에서 가장 작은 정수를 $\lceil x \rceil$로 나타내고, 이것을 최고한도ceiling라고 한다(그림 2.1.2 참조).

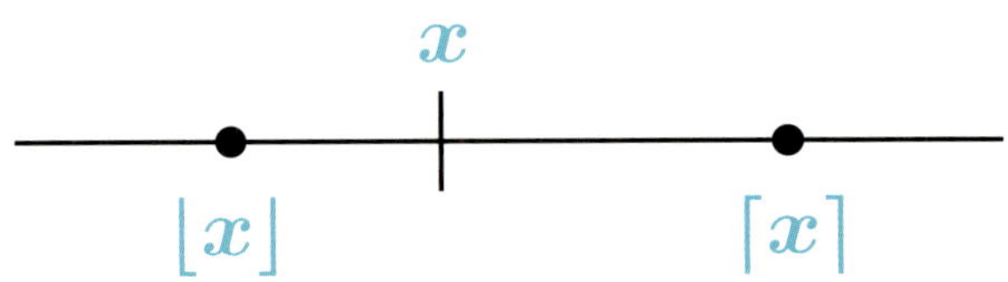

그림 2.1.2 최저한도와 최고한도

정리 1.2

두 양의 정수 a와 b에 대하여, 다음이 성립한다.

$1, 2, \ldots, a$ 중에서 b의 배수인 것의 개수는 $\left\lfloor \frac{a}{b} \right\rfloor$이고, a를 b로 나눗었을 때의 몫 또한 $\left\lfloor \frac{a}{b} \right\rfloor$이다.

예제 1.3

1부터 100까지의 자연수 중에서 7의 배수인 정수의 개수는

$$\left\lfloor \frac{100}{7} \right\rfloor = 14$$

이다. 여기서 $100 = 7 \cdot 14 + 2$이다.

</>

03 최대공약수와 최소공배수

정의 (약수, 배수) 두 정수 a, b에 대하여, $b = a\,c$ 가 되는 정수 c 가 존재할 때, a를 b의 약수[divisor] 또는 인수[factor]라하고, b를 a의 배수[multiple]라고 한다. 이 사실을 $a \mid b$로 나타낸다. 한편, $a \mid b$가 아닐 때, $a \nmid b$ 로 나타낸다.

주의 $a \neq 0$인 경우에, $a \mid b$는 b를 a로 나누었을 때의 나머지가 0임을 뜻한다. 또한 책에 따라서는 $a \mid b$를 정의할 때, $a \neq 0$임을 가정하기도 한다.

정의 (공약수, 최대공약수) 두 정수 a, b 에 대하여

$$e \mid a, \quad e \mid b$$

인 정수 e를 a와 b의 공약수[common divisor]라고 한다. 또한 다음의 세 조건을 만족하는 정수 d를 a와 b의 최대공약수[greatest common divisor]라 하고, 이것을 (a, b) 또는 $\gcd(a, b)$로 나타낸다.

(i) $d \geq 0$

(ii) $d \mid a, \ d \mid b$

(iii) $e \mid a, \ e \mid b \Longrightarrow e \mid d$

정의 (공배수, 최소공배수) 두 정수 a, b에 대하여

$$a \mid c, \quad b \mid c$$

인 정수 c를 a와 b의 공배수common multiple라고 한다. 또한 다음의 세 조건을 만족하는 정수 l를 a와 b의 최소공배수least common multiple 라 하고, 이것을 $[a, b]$ 또는 $\mathrm{lcm}(a, b)$로 나타낸다.

(i) $l \geq 0$

(ii) $a \mid l,\ b \mid l$

(iii) $a \mid c,\ b \mid c \Longrightarrow l \mid c$

3.1 약수 구하기

개념정의 구하기

```
def divisor(a):
    D = []
    for i in range(1, a + 1):
        if a % i == 0:
            D.append(i)
    print(set(D))
```

```
>>> divisor(12)
{1, 2, 3, 4, 6, 12}
```

쌍으로 구하기

```
def divisor(a):
    D = []
    for i in range(1, int(a ** 0.5) + 1):
        if a % i == 0:
            D.append(i)
            D.append(int(a/i))
```

```
    print(D)
```

```
>>> divisor(48)
[1, 48, 2, 24, 3, 16, 4, 12, 6, 8]
```

3.2 공약수 구하기

```
def comd(a,b):
    comd_list = []
    if a == 0:
        return divisors(b)
    if b == 0:
        return divisors(a)
    else:
        if a > b:
            a, b = b, a
        for i in range(1, a+1):
            if a % i == 0 and b % i == 0:
                comd_list.append(i)
        print(set(comd_list))

def divisors(n):
    D = []
    for i in range(1, n + 1):
        if n % i == 0:
            D.append(i)
    print(set(D))
```

```
>>> comd(0, 12)
{1, 2, 3, 4, 6, 12}
>>> comd(12, 0)
{1, 2, 3, 4, 6, 12}
>>> comd(24, 16)
{8, 1, 2, 4}
```

3.3 약수와 소수

```
N = int(input("수를 넣어 주세요: "))
divisor_count = 0
print('다음은 {}의 약수 입니다.'.format(N))

for i in range(1, N + 1):
    if N % i == 0:
        print(i)
        divisor_count = divisor_count + 1
if divisor_count == 2:
    print('이 수는 소수(prime) 입니다.')
```

```
수를 넣어 주세요:  10
다음은 10의 약수 입니다.
1
2
5
10
```

```
수를 넣어 주세요:  17
다음은 17의 약수 입니다.
1
17
이 수는 소수(prime)  입니다.
```

3.4 최대공약수

개념정의 구하기

```
def gcd(a,b):
    if a == 0:
        print(b)
    elif b == 0:
        print(a)
    else:
        A = []
        B = []
        for i in range(1, a+1):
            if a % i == 0:
                A.append(i)
        for j in range(1, b+1):
            if b % j == 0:
                B.append(j)
        print(set(A))
        print(set(B))
        print(set(A) & set(B))
        print(max(set(A) & set(B)))
```

```
>>> gcd(16, 24)
{1, 2, 4, 8, 16}
{1, 2, 3, 4, 6, 8, 12, 24}
{8, 1, 2, 4}
8
```

먼저 작은 수의 약수 찾기

❶ 먼저, 두 수중 작은 수의 약수를 구한다.

❷ 그 후, 앞에서 구한 약수를 내림차순 정렬한다.

❸ 끝으로 차례로 큰 수를 나누어 본다.

```
def gcd(a, b):
    if a == 0:
        print(b)
    elif b == 0:
        print(a)
    else:
        if a > b:
            a, b = b, a
        for i in range(a, 0, -1):
            if a % i == 0 and b % i == 0:
                return i

# 세개 이상인 수의 최대공약수는  from functools import reduce 필요
# reduce(gcd, (a,b,c,d))
```

```
>>> gcd(20, 10)
10
>>> gcd(10, 35)
```

```
5
>>> from functools import reduce
>>> reduce(gcd, (20,10,35))
5
```

약간의 효율성

```
def gcd(a, b):
    if a == 0:
        print(b)
    elif b == 0:
        print(a)
    else:
        if a > b:
            a, b = b, a
        D = []
        for i in range(1, int(a ** 0.5) + 1):
            if a % i == 0:
                if b % int(a/i) == 0:
                    return int(a / i)
                else:
                    if b % i == 0:
                        D.append(i)
        print(D)
        print(D[-1])

>>> gcd(16500000034, 10500000)
[1, 2, 7, 14]
14
>>> gcd(16000, 340)
20
```

3.5 배수

개념정의 구하기

```
def multiple(a, n):
    M = []
    for i in range(1, n+1):
        M.append(a * i)
    print(set(M))
```

```
>>> multiple(3, 10)
{3, 6, 9, 12, 15, 18, 21, 24, 27, 30}
```

3.6 최소공배수

개념정의 구하기

```
def lcm(a, b):
    if (a == 0) or (b == 0):
        print(0)
    else:
        A = []
        B = []
        for i in range(1, b+1):
            A.append(a * i)
        for j in range(1, a+1):
            B.append(b * j)
        print(set(A))
        print(set(B))
```

```
        print(set(A) & set(B))
        print(min(set(A) & set(B)))
```

```
>>> lcm(4, 6)
{4, 8, 12, 16, 20, 24}
{24, 18, 12, 6}
{24, 12}
12
```

약간의 효율성

```
def lcm(a,b):
    if (a == 0) or (b == 0):
        return 0
    else:
        if a > b:
            a, b = b, a
        for i in range(b, a * b + 1, b):
            if i % a == 0:
                return i

# 세개 이상인 수의 최소공배수는  from functools import reduce 필요
# reduce(lcm, (a,b,c,d))
```

```
>>>  lcm(0,0)
0
```

```
>>> lcm(0,10)
0
>>> lcm(10,0)
0
>>> lcm(10,12)
60
>>> from functools import reduce
>>> reduce(lcm, (10,20,25))
100
```

정리 1.3는 정수론과 관련된 여러 문제를 해결하는 데 중요한 역할을 한다. 구제적으로 s와 t를 찾는 문제는 정리 1.6에서 다룬다.

정리 1.3

최대공약수는 일차결합

두 정수 a, b에 대하여,

$$\gcd(a, b) = as + bt$$

인 정수 s, t가 존재한다.

정의 (서로소) 두 정수 a와 b의 최대공약수가 1일 때, 즉 $\gcd(a, b) = 1$일 때, 두 정수 a, b는 서로소[relatively prime]라고 한다.

정리 1.4

두 정수 a, b가 서로소가 될 필요충분조건은 $as + bt = 1$을 만족시키는 정수 s, t가 존재한다는 것이다.

정리 1.5

정수 a, b, q, c에 대하여,

$$a = bq + c \implies \gcd(a, b) = \gcd(b, c)$$

정리 1.6

유클리드 알고리즘(Euclidean Algorithm)

두 양의 정수 a, b에 대하여, $a = r_0, b = r_1$이라고 두고 다음이 성립한다고 하자.

$$\begin{aligned} r_0 &= a_0 r_1 + r_2, & 0 < r_2 < r_1 \\ r_1 &= a_1 r_2 + r_3, & 0 < r_3 < r_2 \\ r_2 &= a_2 r_3 + r_4, & 0 < r_4 < r_3 \\ &\vdots & \vdots \\ r_{n-1} &= a_{n-1} r_n + r_{n+1}, & 0 < r_{n+1} < r_n \\ r_n &= a_n r_{n+1} + 0 & \end{aligned}$$

그러면 $\gcd(a, b) = r_{n+1}$이다. 또한 $2 \le i \le n+1$에 대하여

$$\begin{cases} s_0 = 1, \quad s_1 = 0, \quad s_i = s_{i-2} - a_{i-2} s_{i-1} \\ t_0 = 0, \quad t_1 = 1, \quad t_i = t_{i-2} - a_{i-2} t_{i-1} \end{cases} \tag{1.1}$$

이라고 하면 다음이 성립한다.

$$r_i = a\, s_i + b\, t_i, \quad 0 \le i \le n+1$$

특히,

$$\gcd(a, b) = r_{n+1} = a\, s_{n+1} + b\, t_{n+1}$$

예제 1.4

(1) 두 정수 a, b에 대하여, $a = b + (a - b)$이므로, 정리 1.5에 의하여

$$\gcd(a, b) = \gcd(a - b, b)$$

이다.

(2) 두 음이 아닌 정수 a, $b(\neq 0)$에 대하여, 정리 1.1에 의해서

$$a = b \cdot \left\lfloor \frac{a}{b} \right\rfloor + r, \qquad 0 \leq r < b$$

이다. 따라서 $\gcd(a, b) = \gcd(b, r)$

정리 1.6 을 도식화 하면 그림 2.1.3과 같다.

$a_0 = a \,//\, b$	$r_0 = a$	$r_1 = b$	$a_1 = b \,//\, (a \,\%\, b)$
	$a_0 r_1$	$a_1 r_2$	
a_2	$r_2 = a \,\%\, b$	r_3	a_3
	$a_2 r_3$	$a_3 r_4$	
	r_4	r_5	
	$\vdots$	$\vdots$	
a_{n-1}	r_{n-1}	r_n	a_n
	$a_{n-1} r_n$	$a_n r_{n+1}$	
	r_{n+1}	0	

i	0	1	2	$\cdots$	$i-2$	$i-1$	i	$\cdots$	$n-1$	n	$n+1$
a_i	a_0	a_1	a_2	$\cdots$	a_{i-2}	a_{i-1}	a_i	$\cdots$	a_{n-1}		
s_i	1	0	s_2	$\cdots$	s_{i-2}	s_{i-1}	$s_i = s_{i-2} - a_{i-2} s_{i-1}$	$\cdots$	s_{n-1}	s_n	s_{n+1}
t_i	0	1	t_2	$\cdots$	t_{i-2}	t_{i-1}	$t_i = t_{i-2} - a_{i-2} t_{i-1}$	$\cdots$	t_{n-1}	t_n	t_{n+1}

그림 2.1.3 최대공약수와 일차결합

예제 1.5

두 수 754, 66 의 최대공약수와 정리 1.3에서 처럼 s 와 t 를 찾아라.

11	754	66	2
	726	56	
2	28	10	1
	20	8	
4	8	2	
	8		
	0		

a_i	11	2	2	1		
s_i	1	0	1	−2	5	−7
t_i	0	1	−11	23	−57	80

$\gcd(754, 66) = 2 = 754 \cdot (-7) + 66 \cdot 80$

3.7 유클리드 호제법

두 음이 아닌 정수 $a, b\ (\neq 0)$에 대해서

$$a = b \cdot \left\lfloor \frac{a}{b} \right\rfloor + a \% b, \quad 0 \leq a \% b < b \tag{1.2}$$

이 성립한다. 따라서 $\gcd(a, b) = \gcd(b, a \% b)$

```
def gcd(a, b):
    if b == 0:
        print(a)
    else:
        return gcd(b, a % b)
```

```
>>> gcd(48, 18)
6
```

3.8 최대공약수는 일차결합

정리 1.3 과 식 (1.2)에 의하여, 적당한 정수 s, t, s_1, t_1 에 대하여, 다음을 얻는다.

$$
\begin{aligned}
as + bt = \gcd(a, b) &= \gcd(b, a \,\%\, b) \\
&= bs_1 + (a \,\%\, b)t_1 \\
&= bs_1 + \left(a - b \cdot \left\lfloor \frac{a}{b} \right\rfloor\right) t_1 \\
&= at_1 + b\left(s_1 - \left\lfloor \frac{a}{b} \right\rfloor t_1\right)
\end{aligned}
$$

따라서

$$
\begin{cases}
s = t_1 \\
t = s_1 - \left\lfloor \frac{a}{b} \right\rfloor t_1
\end{cases}
$$

```
def gcd_lin(a,b):
    if (b == 0):
        return (a, 1, 0)
    else:
        g, s, t = gcd_lin(b, a % b)
        return (g, t, s - (a // b) * t)
```

```
>>> gcd_lin(524,82)
(2, 18, -115)
>>> gcd_lin(10,0)
(10, 1, 0)
```

식 (1.1) 를 사용하여 s와 t를 찾을 수 있다.

```
def gcd_lin(a, b):
    s0, s1 = 1, 0
    t0, t1 = 0, 1
    while b !=0:
        q, a, b = a // b, b, a % b
        s0, s1 = s1, s0 - q * s1
        t0, t1 = t1, t0 - q * t1
    return (a, s0, t0)
```

```
>>> gcd_lin(524,82)
(2, 18, -115)
>>> gcd_lin(10,0)
(10, 1, 0)
```

제 2 장

정수의 표현과 옛 곱셈법

수학 이야기

01 계산기가 필요 없는 신기한 곱셈법

계산기 없이도 할 수 있는 신기한 곱셈법을 소개한다. 문살을 보고 떠올린 문살 곱셈법, 곱셈 막대를 활용한 네이피어 막대 곱셈법, 러시아 농부들의 신기한 곱셈법을 알아본다.

문살 곱셈법은 문살과 문살이 만나는 점을 보고 발견했다고 알려져 있다. 자릿수에 맞게 선을 가로와 세로로 그은 다음 가로 선과 세로 선이 교차하는 곳을 점으로 표시하여 점의 수를 더하여 구하는 방법이다. 그림을 통해 자세히 알아보자.

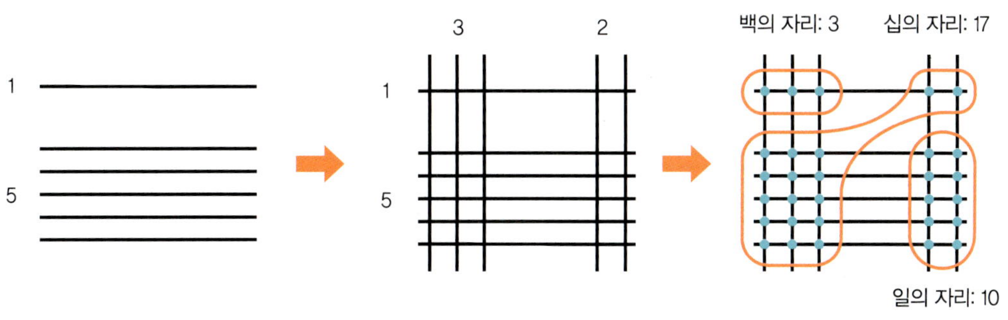

15 × 32 = 300 + 170 + 10 = 480

그림 2.2.1 문살 곱셈법

네이피어 막대 곱셈법은 영국 수학자 네이피어가 만든 곱셈 막대를 활용한 곱셈법이다. 곱셈 막대를 붙여서 대각선 방향으로 더하면 쉽게 곱셈을 할 수 있다. 이 곱셈법은 문살 곱셈법보다 큰 수를 구하는 데도 좀 더 편리하게 사용할 수 있다. 이 곱셈법도 그림을 통해 알아보자.

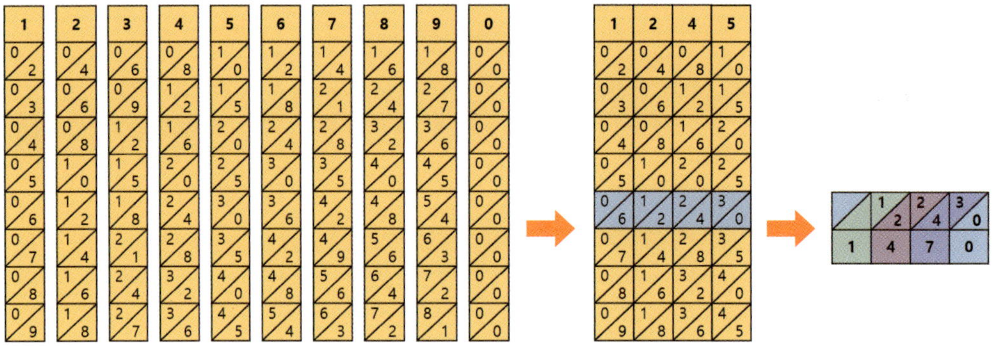

$245 \times 6 = 1{,}470$

그림 2.2.2 네이피어 막대 곱셈법

다음으로 소개할 곱셈법은 러시아 농부 곱셈법이다. 2단 곱셈과 덧셈만 할 수 있으면 모든 곱셈을 할 수 있다. 두 개의 숫자를 곱한다고 가정해보자. 둘 중 작은 수를 왼쪽에, 큰 수를 오른쪽에 두고 가운데에 줄을 긋는다. 좌측 작은 수는 2로 계속 나눈다. 이때 나머지 1은 버리고 몫만 쓰면 된다. 우측 큰 수는 2를 계속 곱해준다. 좌측과 우측의 수를 나란히 정렬하고 좌측의 수가 홀수인 경우에만 우측의 수들을 더해준다. 그림을 통해 알아보자.

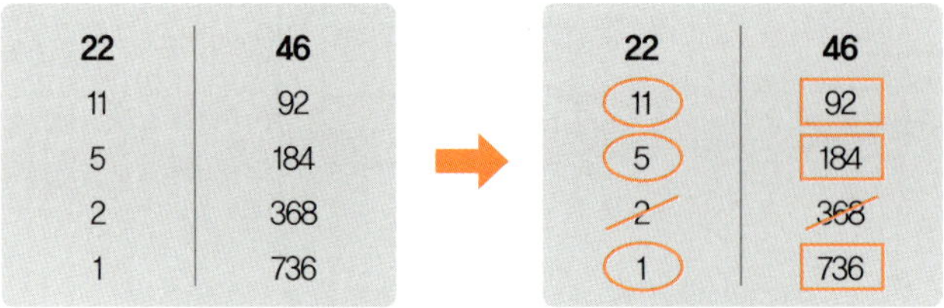

$22 \times 46 = 92 + 184 + 736 = 1{,}012$

그림 2.2.3 러시아 농부 곱셈법

02 정수의 표현

수[number]는 시대를 초월한 추상적인 개념이다. 그러나 수의 표현인 숫자는 시대 및 나라에따라 표현방식이 다르다. 현재 우리는 10진법인 위치적 기수법을 사용하여 숫자를 쓰고 있지만 고대 바빌로니아와 마야도 위치적 기수법을 사용하였으나 각각 60진법, 20진법으로 숫자를 표현하고 사용하였다.

2.1 n-진법

정리 2.1

고정된 정수 b $(b \geq 2)$에 대하여, 임의의 양의 정수 a는 단 한 가지의 방법으로 다음과 같이 나타낼 수 있다.

$$a = a_n b^n + a_{n-1} b^{n-1} + \cdots + a_1 b + a_0$$

$$n \geq 0,\ 1 \leq a_n < b,\ 0 \leq a_i < b\ (0 \leq i < n)$$

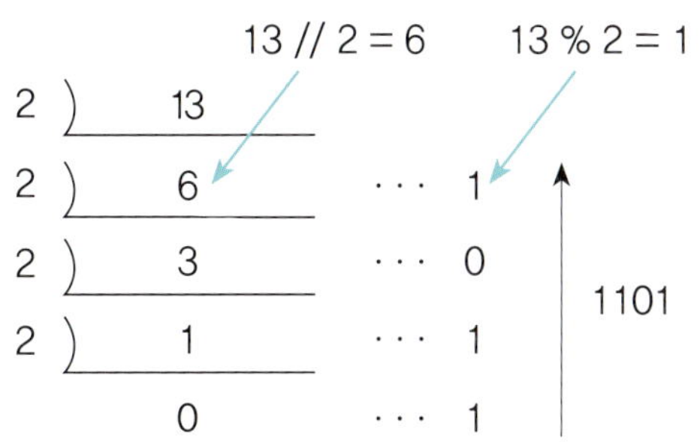

그림 2.2.4 이진법

n-진법 전개

```
def base(a, n):          # n (1 < n <=10) 진법
    if a == 0:
        print(0)
    else:
        M = []
        while a >= 1:
            M.append(a % n)
            a = a // n
        M.reverse()

        N = []
        for i in M:
            N.append(str(i))
        print(''.join(N))
```

```
>>> base(1697, 2)
11010100001
>>> base(1697, 5)
23242
>>> base(1697, 10)
1697
```

```
def n_ten(a, n):    # a는 n-진법 ---> 10 진법
    s = str(a)
    L = list(s)
    m = len(L)
    M = []

    for i in range(0, m):
        M.append(int(L[i]) * n ** (m-1-i))

    print(sum(M))
```

```
>>> n_ten(101100001, 2)
353
>>> n_ten(1210201, 3)
1315
>>> n_ten(23242, 5)
1697
```

2.2 Cantor 표현

정리 2.2

Cantor 표현

모든 양의 정수 a는 단 한가지의 방법으로 다음과 같이 나타낼 수 있다.

$$a = a_n\, n! + a_{n-1}\,(n-1)! + \cdots + a_2\, 2! + a_1\, 1!$$

여기서, $n \geq 1,\ 1 \leq a_n \leq n,\ 0 \leq a_i \leq i \quad (0 \leq i < n)$

예제 2.1

다음을 알 수 있다.

$$56 = 2 \cdot 4! + 1 \cdot 3! + 1 \cdot 2! + 0 \cdot 1!$$

$$119 = 4 \cdot 4! + 3 \cdot 3! + 2 \cdot 2! + 1 \cdot 1!$$

그림 2.2.5는 정리 2.2의 Cantor 표현과 관련된 그림이다.

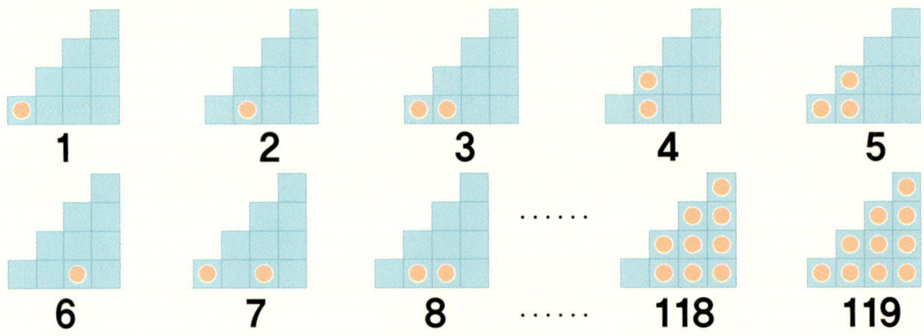

그림 2.2.5 칸토르 표현

Cantor 표현

```
def cantor_expr(a):
    print(a,'=', ' + '.join(can_ex(a)))

def can_ex(a):
    M = []
    N = []
    n = 1
    while a >= 1:
        N.append(n)
        a = a // n
        n = n + 1
```

```
        M.append(a % n)
    if M[-1] == 0:
        del M[-1]
        del N[-1]
    M.reverse()
    N.reverse()
    C = []
    for i in range(len(M)):
        C.append("%d * %d !"%(M[i], N[i]))
    return C
```

```
>>> cantor_expr(67)
67 = 2 * 4 ! + 3 * 3 ! + 0 * 2 ! + 1 * 1 !
>>> cantor_expr(117)
117 = 4 * 4 ! + 3 * 3 ! + 1 * 2 ! + 1 * 1 !
```

</> —OX

03 곱셈법과 이집트 분수

3.1 이집트 곱셈법

Rhind 파피루스에서 Ahmes는 다음과 같은 방법으로 곱셈의 방법을 설명하고 있다. 예를 들어, 21×43을 계산하다고 하자. 다음과 같이 두 배하는 전략을 사용한다.

21	43
1	43
2	86
4	172
8	344
16	688

$32 > 21$이기 때문에, 왼쪽열 마지막 수 16를 넘을 필요가 없다. 또한 $21 = 16 + 4 + 1$이기 때문에, 오른쪽 열에서 16, 4, 1에 대응되는 수만 선택하고 이들을 더하면 된다.

	21	43
√	1	43
	2	86
√	4	172
	8	344
√	16	688
		903

순서를 바꿔 계산하여도 결과는 같다.

	43	21
$\surd$	1	21
$\surd$	2	42
	4	84
$\surd$	8	168
	16	336
$\surd$	32	672
		903

이집트 곱셈 계산법이 수학적으로 의미를 가지려면, '모든 수는 2의 멱[power]들의 합이다'는 사실을 알고 있어야 한다. 고대 이집트 사람들은 이러한 사실을 알고 있었을까? 아마도 증명도 없었고 또한 증명이 필요한 이유도 알지 못했을 것이다. 단지 그들은 이것이 항상된다는 실제적인 경험으로부터 알았을 것이다. 근본적으로 자연수의 2진법 전개가 해법이다. 위의 예에서

$$21 = 1 \times 2^4 + 0 \times 2^3 + 1 \times 2^2 + 0 \times 2^1 + 1 \times 2^0 = 10101_{(2)} \text{ 이고}$$

$$43 = 1 \times 2^5 + 0 \times 2^4 + 1 \times 2^3 + 0 \times 2^2 + 1 \times 2^1 + 1 \times 2^0 = 101011_{(2)}$$

```
def E_multi(a,b):
    M = []
    S = []
    while a >= 1:
        M.append(a % 2)
        a = a // 2

    for i in range(0,len(M)):
        S.append(M[i] * (2 ** i) * b)
    print(sum(S))
```

```
>>> E_multi(18, 37)
666
```

3.2 러시아 농부 곱셈법

두 자연수 m과 n 곱하기: $m \times n$

먼저, 두 열의 맨 위에 m과 n을 적는다. 그 후 첫 번째 열의 마지막 숫자는 1이 될 때까지 다음의 두 작업을 계속 수행한다.

- 첫 번째 칸의 마지막 숫자를 반으로 나누고, 이 숫자 아래에 적는다.
- 두 번째 칸에 있는 마지막 숫자를 두 배로 만들고 이 숫자 아래에 쓴다.

둘째, 첫 번째 열의 각 짝수에 대해 두 번째 열의 인접 항목을 삭제한다.

끝으로 두 번째 열에 나머지 숫자를 합한다. 이 합이 구하고자 하는 답이다.

예제 2.2

18 × 37 를 위 알고리즘으로 계산해보자.

18	37 (delete)
9	74
4	148 (delete)
2	296 (delete)
1	592
	666

러시아 농부 곱셈법

```
def R_multi(a,b):
    M = []
    while a >= 1:
        if a % 2 == 1:
            M.append(b)
        a, b = a // 2, b * 2
    print(sum(M))

>>> R_multi(18, 37)
666
```

3.3 이집트 분수

고대 이집트인들은 분수를 단위분수의 합으로 표현하있다. 표현하는 일반적인 전략은 '몫으로서의 분수' 즉, 분수를 (자연수)÷(자연수)의 상황으로 인식하고 '최대한 나눠주기' 전략을 사용하있다. 여기서 '최대한 나눠주기'는 분배하는 시점에서 가장 큰 조각을 준다는 의미이다. 예를 들어, 분수 $\frac{3}{7}$은 3 ÷ 7로 보고 등분제 상황의 몫을 구하는 문제로 생각하였다. 그림 2.2.6은 '최대한 나눠주기' 전략을 사용하여 주어진 사과 3개를 7명이 먹을 때 1인당 몫을 구하는 상황이다.

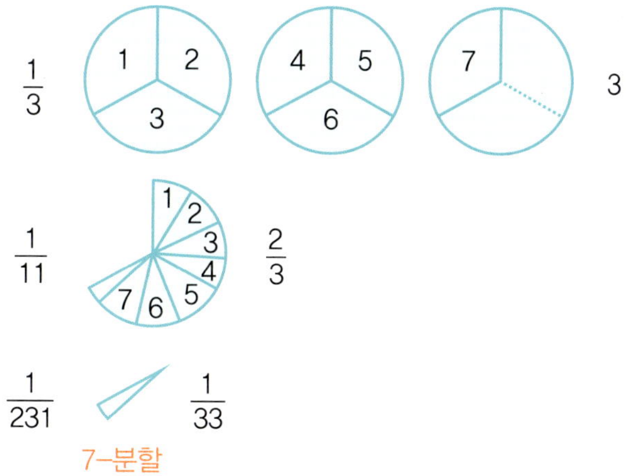

그림 2.2.6 이집트 분수의 분배전략

일반적으로, 이집트 분수의 분배전략을 생각해보면 다음과 같다. 두 양의 정수 a, b에 대해서, $\frac{a}{b} = a \div b$는 a개의 사과를 b명에게 최대한 많이 분배하는 전략이다. 따라서 식 $a \times k \geq b$ 를 만족하는 최소의 양의 정수 k를 찾아야 한다. 즉,

$$k = \min\{n : a \times n \geq b\}$$

결국 k는 $\left\lceil \frac{b}{a} \right\rceil$임을 알 수 있다. 이로부터, 다음의 식을 얻는다.

$$\frac{a}{b} = \frac{1}{k} + \frac{ak-b}{bk}, \quad 0 \leq ak - b < a$$

여기서, $\frac{1}{k}$은 사과 a개 각각을 k분할을 통해 b명에게 분배할 수 있는 최대량이다.

이집트 분수 1

```
from fractions import Fraction

def E_frac_greedy(a, b):
    M = []
    while b % a != 0:
        k = (b // a) + 1
        M.append(Fraction(1, k))
        a = a * k - b
        b = b * k
    else:
        M.append(Fraction(1, b // a))

    N = []
    for i in M:
        N.append(str(i))
    print(sum(M),'=', ' + '.join(N))
```

```
>>> E_frac_greedy(3, 7)
3/7  =  1/3  +  1/11  +  1/231
>>>  E_frac_greedy(3, 8)
3/8 = 1/3 + 1/24
>>> E_frac_greedy(5, 8)
5/8 = 1/2 + 1/8
>>> E_frac_greedy(11, 15)
11/15 = 1/2 + 1/5 + 1/30
>>>  E_frac_greedy(9, 11)
9/11 = 1/2 + 1/4 + 1/15 + 1/660
```

한편, 조작 활동의 측면에서 본다면, 그림 2.2.6에 주어진 조작 활동 보다는 그림 2.2.7의 활동이 학생들이 사용하기에 더 쉽다. 실제로, 먼저 사과 3개를 각각 3등분을 하여 7명에게 분배하고, 그 후 남은 각각을 4등분하여 분배하고, 끝으로 남은 조각을 7등분하여 분배한다. 여기서, 그림 2.2.7에서 전체를 7명에게 분배하기 위해 나누는 방법보다 각각을 4등분하여 분배하는 방법이 학생들의 조작 활동의 측면에서 훨씬 쉽다.

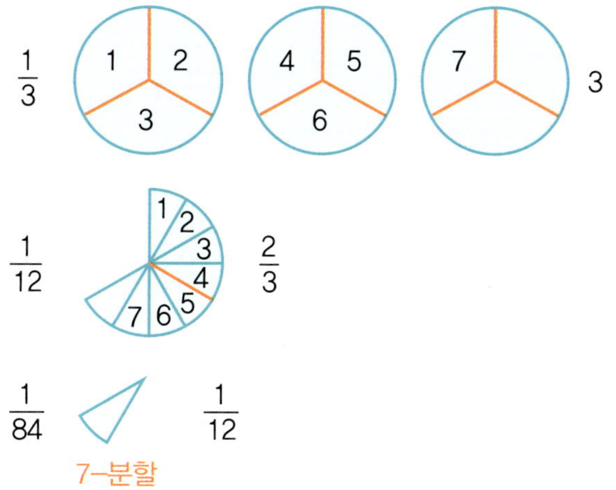

그림 2.2.7 조작 활동이 쉬운 분배전략

일반적으로, 조작 활동이 좀 더 편한 방법으로 분배하는 전략을 생각해보자.

$$\frac{a}{b} = \frac{1}{k} + \left(\frac{ak-b}{b}\right)\frac{1}{k}, \quad 0 \le ak-b < a \tag{2.1}$$

식 (2.1) 는 $\dfrac{ak-b}{bk}$를 분배의 관점에서 $\{(ak-b) \div b\} \times \dfrac{1}{k}$로 해석한 것이다. 즉, 사과 $(ak-b)$개를 b 명에게 균등 분배한 양에 이전 분할에서 얻은 양을 곱하는 방법이다.

예를 들어, 그림 2.2.7에서

$$\frac{2}{3} \div 7 = (2 \div 7) \times \frac{1}{3}$$

이고

$$\frac{1}{4} \div 7 = (1 \div 7) \times \frac{1}{4}$$

이다. 이와 같은 방법은 학생들의 조작 활동이 비교적 쉬울 뿐만 아니라 알고리즘화하기가 쉽다.

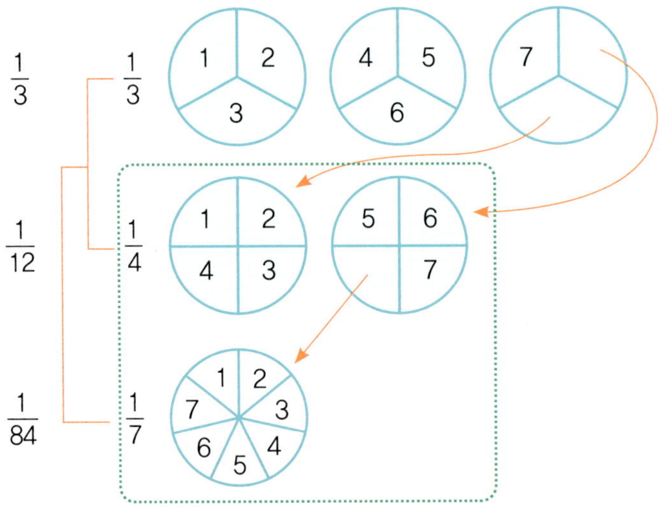

그림 2.2.8 분수의 효율적 분배 전략(점선부분)

이집트 분수 2

```
from fractions import Fraction
from functools import reduce

def E_frac(a, b):
    M = []
    S = []
    while b % a != 0:
        k = (b // a) + 1
        M.append(Fraction(1, k))
        a = a * k - b
    else:
        M.append(Fraction(1, b // a))

    for i in range(1, len(M)+1):
        S.append(reduce(lambda x, y: x*y, (M[:i])))

    N = []
    for i in S:
        N.append(str(i))
    print(sum(S),'=', ' + '.join(N))
```

```
>>> E_frac(3, 8)
3/8 = 1/3 + 1/24
>>> E_frac(5, 8)
5/8 = 1/2 + 1/8
>>> E_frac(11, 15)
11/15 = 1/2 + 1/6 + 1/18 + 1/90
>>> E_frac(5, 121)
5/121 = 1/25 + 1/775 + 1/31775 + 1/1938275 + 1/234531275
>>> E_frac(9, 11)
9/11 = 1/2 + 1/4 + 1/16 + 1/176
```

제 3 장

일차부정방정식과 산술정리

수학 이야기

01 대수학의 아버지 디오판토스

그림 2.3.1 디오판토스
A.D. 200? ~ 300?

디오판토스[Diophantus]는 대수의 발전과 유럽 수론학자들에게 깊은 영향을 준 3세기경 고대 그리스의 수학자이다. 디오판토스는 〈산학, Arithmetica〉, 〈다각수에 관하여, On Polygonal Numbers〉, 〈계론, Porisms〉과 같은 저서가 있다.

〈산학〉은 디오판토스의 대표적인 저술로 총 13권으로 이루어져 있다고 알려져 있으나, 후대에 남은 건 6권이 전부이다. 이 책에서는 130여 개의 문제의 해를 다루고 있고 방정식과 관련된 문제가 대부분이다. 아쉽게도 〈다각수에 관하여〉는 현재 일부만, 〈계론〉은 분실되었다고 전해진다. 디오판토스가 저술한 책과 업적은 후대 수학자들에게 많은 영향을 주었고 특히 방정식 역사에 큰 획을 그은 인물이라 평가된다.

디오판토스는 정확히 언제 태어났고 사망했는지는 알 수 없으나 그가 사망했을 때의 나이는 알 수 있다고 하는데, 그것은 이 묘비 덕분이다. 디오판토스의 추종자가 새겨넣은 것으로 알려진 묘비명의 내용을 보면 그의 생애를 압축하여 방정식으로 표현한 것을 알 수 있다. 이 방정식을 풀어보면 다음과 같다.

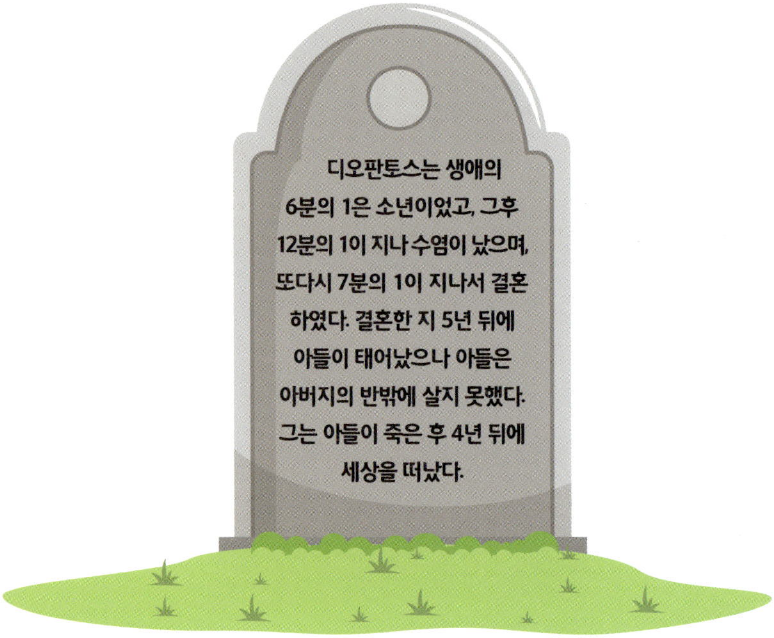

그림 2.3.2 디오판토스의 묘비

$$\frac{1}{6}x + \frac{1}{12}x + \frac{1}{7}x + 5 + \frac{1}{2}x + 4 = x$$

디오판토스의 나이를 미지수인 x로 가정하고 식을 세우면 위 식과 같이 나타나고 x를 계산할 수 있으며 그가 세상을 떠난 나이는 84세라고 추측할 수 있다. 이처럼 수학에 문자를 사용한 첫 번째 사람으로 알려져 디오판토스는 '대수학(수학의 법칙을 간결하게 나타내는 것으로, 수 대신 문자를 사용하는 것을 포함)의 아버지' 라는 칭호를 얻게 되었다. 그가 있기 전에는 수학에 기호가 없었고 이를 말로 풀어 설명했었다. 그를 통해 수학에서 문자를 사용하여 생략과 단축이 시작되었다.

본래 고대 그리스의 수학에서 기초정수론에 관해 유클리드의 원론은 소인수분해, 유클리드 호제법, 약수와 배수의 성질을 기본적으로 다루며 피타고라스 삼원쌍에서도 일부 제시되었다. 이 중 정수방정식에 관해 디오판토스가 집중적으로 연구했다고 알려져 있다.

수학 이야기

02 에라토스테네스의 체

그림 2.3.3 에라토스테네스 B.C. 275?~194?

에라토스테네스[Eratosthenes]는 고대 그리스의 수학자인 동시에 천문학자로 활동했다. 그는 문학과 지리학에도 큰 관심을 보여 이러한 학문도 연구했지만 수학과 천문학 분야에 획기적인 업적을 남긴 것으로 유명하다.

그는 서로 다른 지역에 세워놓은 막대기 그림자의 길이가 다르다는 이유로 지구가 둥글다는 사실을 이해했다. 그리고 첨단 기계가 없던 그 시대에 막대기를 활용해서 지구의 둘레를 가장 먼저 잰 사람으로 알려져 있기도 하다. 그가 당시 쟀던 지구의 둘레는 2만 5,000스타디아라고 하는데 1스타디아가 약 185m라고 알려져 있어 이를 킬로미터로 변환하면 4만 6,250km가 된다. 이는 오늘날 지구 둘레로 알려진 4만 120km와 매우 흡사한 값이다.

이렇게 천문학에 재능을 보인 에라토스테네스는 수학에도 큰 획을 그었다. 그는 1가 자신만을 약수로 갖는 소수를 찾는 방법을 표로 만들었다. 이 방법이 마치 수를 체로 쳐 걸러내는 것과 비슷하다고 하여 '에라토스테네스의 체'라고 불린다.

1부터 100까지 에라토스테네스의 체를 사용하여 소수를 판별하는 법을 알아본다.

1. 1은 소수나 합성어가 아니기 때문에 지운다. (회색)
2. 2를 남기고 2의 배수는 모두 지운다. (노란색)
3. 3을 남기고 남은 수 중 3의 배수는 모두 지운다. (빨간색)

❹ 5를 남기고 남은 수 중 5의 배수는 모두 지운다. (파란색)

❺ 7을 남기고 남은 수 중 7의 배수는 모두 지운다. (초록색)

❻ 남은 숫자가 소수이다.

1	2	3	4	5	6	7	8	9	10
11	12	13	14	15	16	17	18	19	20
21	22	23	24	25	26	27	28	29	30
31	32	33	34	35	36	37	38	39	40
41	42	43	44	45	46	47	48	49	50
51	52	53	54	55	56	57	58	59	60
61	62	63	64	65	66	67	68	69	70
71	72	73	74	75	76	77	78	79	80
81	82	83	84	85	86	87	88	89	90
91	92	93	94	95	96	97	98	99	100

그림 2.3.4 에라토스테네스의 체

위 그림에서 하얀색으로 표현된 숫자인 2, 3, 5, 7, 11, 13, 17, 19, 23, 29, 31, 37, 41, 43, 47, 53, 59, 61, 67, 71, 73, 79, 83, 89, 97 총 25개의 소수만이 남아 있는 것을 확인할 수 있다.

</> —OX

03 일차부정방정식

정수를 계수로 가지는 두 개 이상의 미지수에 관한 대수방정식의 해 중에서 각 미지수의 값이 모두 정수인 해를 정수해integral solution라고 한다. 이러한 방정식의 정수해 만을 생각하는 경우에 이 방정식을 부정 방정식indeterminate equation 또는 디오판토스 방정식Diophantine equation이라고 한다.

미지수 $x_1, x_2, \ldots, x_n$에 관한 일차부정방정식은

$$a_1x_1 + a_2x_2 + \cdots + a_nx_n = c$$

와 같은 꼴이다. 여기서 $a_1, a_2, \ldots, a_n, c$는 정수이고, $a_1, a_2, \ldots, a_n$중에서 적어도 하나는 0이 아니다.

정리 3.1

두 미지수 x, y에 관한 일차부정방정식

$$ax + by = c \qquad (a \neq 0 \text{ 또는 } b \neq 0) \qquad (3.1)$$

에 대하여, 이 방정식 (3.1)이 정수해를 가지기 위한 필요충분조건은 $\gcd(a, b) \mid c$인 것이다. 이 경우에 $x = x_0$, $y = y_0$를 방정식 (3.1)의 한 해라고 하면, 방정식 (3.1)의 정수해 x, y는 다음과 같다.

$$x = x_0 + \frac{b}{\gcd(a, b)}k, \qquad y = y_0 - \frac{a}{\gcd(a, b)}k \qquad (k \in \mathbb{Z})$$

예제 3.1

일차부정방정식 $710x + 68y = 6$의 정수해를 구하여라.

[풀이]

10	710	68	2
	680	60	
3	30	8	1
	24	6	
3	6	2	
	6		
	0		

a_i	10	2	3	1		
s_i	1	0	1	-2	7	-9
t_i	0	1	-10	21	-73	94

따라서 $\gcd(710, 68) = 2$이고, $710\cdot(-9) + 68\cdot 94 = 2$이다. 이로부터 우리는 주어진 방정식의 한 특수해를 얻을 수 있다. 즉,

$$710 \cdot (-27) + 68 \cdot 282 = 6$$

이고, 따라서 $x = -27$, $y = 282$는 주어진 방정식의 한 정수해이다. 그러므로 주어진 방정식의 정수해는 다음과 같다.

$$\begin{cases} x = -27 + 34k \\ y = 282 - 355k \end{cases} \qquad (k \in \mathbb{Z})$$

예제 3.2

다음은 문제해결력을 평가하기 위한 문제와 그에 대한 두 학생의 풀이 과정이다.

[문제]

> 어느 목수가 다리 3개인 의자와 다리 4개인 탁자를 만들고 있었다. 어느 날 목수가 1주일 동안 만든 의자와 탁자의 다리 수를 모두 세어보니 31개였다. 이 목수가 만든 의자와 탁자는 각각 몇 개인가?

[풀이 과정]

〈재우〉

탁자와 의자를 1개씩 배열한 다음, 다리가 31개가 되는 경우를 모두 찾으면 된다.

탁자 | 4 8 12 16 20 24 28 ~~32~~

의자 | 3 6 9 12 15 18 21 24 27 30

4 + 27, 28 + 3 : 다리가 31개인 경우는 2가지

〈수미〉

다리 3개와 다리 4개인 그림을 그려서 다리가 31개가 되도록 해야지.

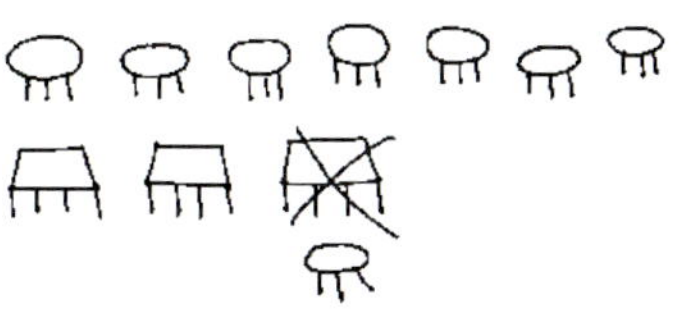

21 + 12 = 33, 29 + 3 = 32, −4 = 28, +3 = 31

답: 의자 8
탁자 2

일차부정방정식

```
def gcd_lin(a, b):
    if b == 0:
        return (a, 1, 0)
    else:
        g, s, t = gcd_lin(b, a % b)
        return [g, t, s - (a // b) * t]
```

```
def Integral_Equation(a, b, c):
    P = []
    p = gcd_lin(a, b)[0]
    q = gcd_lin(a, b)[1]
    r = gcd_lin(a, b)[2]

    if c % p == 0:
        P.append(int(q * (c / p)))
        P.append(int(r * (c / p)))
        print("x = %d + %d * k" %(P[0], b / p))
        print("y = %d - %d * k" %(P[1], a / p))
    else:
        print("Non consistent")


>>> Integral_Equation(710, 68, 6)
x = -27 + 34 * k
y = 282 - 355 * k
>>> Integral_Equation(710, 68, 3)
Non consistent
```

04 소수

정의 (소수) 1보다 큰 정수 p가 양의 약수로서 1과 p만을 갖는다면 이 p를 소수prime number, prime라고 한다. 소수가 아닌 1보다 큰 정수를 합성수composite number라고 한다.

정리 3.2

유클리드 보조 정리

p가 소수일 필요충분조건은 $p \mid ab$이면 $p \mid a$ 또는 $p \mid a$이다.

정의

```
def is_prime(n):
    if n > 1:
        for i in range(2, n):
            if (n % i) == 0:
                print(n,"은 소수가 아니다.")
                break
        else:
            print(n,"은 소수이다.")
    else:
        print(n,"은 소수가 아니다.")
```

```
>>> is_prime(28)
28 은 소수가 아니다.
>>> is_prime(23)
23 은 소수이다.
```

약수의 개수

```
N = int(input("소수 판정에 필요한 수를 주시오: "))

div_count = 0
for i in range(1, N + 1):
    if N % i == 0:
        div_count = div_count + 1

if div_count == 2:
    print('그 수는 소수(prime) 입니다.')
else:
    print('그 수는 소수(prime)가 아닙니다.')
```

```
소수 판정에 필요한 수를 주시오: 25
그 수는 소수(prime)가 아닙니다.

소수 판정에 필요한 수를 주시오: 29
그 수는 소수(prime) 입니다.
```

약간의 효율성

```
import math

def is_prime(n):
    if n > 1:
        for i in range(2, int(math.sqrt(n)) + 1):
            if (n % i) == 0:
                print(n,"은 소수가 아니다.")
                break
        else:
                print(n,"은 소수이다.")
    else:
       print(n,"은 소수가 아니다.")
```

```
>>> is_prime(123)
123  은 소수가 아니다.
>>> is_prime(127)
127  은 소수이다.
>>> is_prime(5458372350257050238574879830239 45)
545837235025705023857487983023945 은 소수가 아니다.
```

정리 3.3

정수 a가 $a \geq 2$이면, a의 소인수(소수인 인수)는 적어도 하나 존재한다.

소수를 구하는 잘 알려진 수학적인 방법은 없다. 주로 일종의 체(sieve)를 이용하여 구하는데, 널리 알려진 체는 고대 그리스의 에라토스테네스(Eratosthenes; B. C. 200)의 체이다. 이것은 다음의 정리에 그 근거를 두고 있다.

정리 3.4

양의 정수 n이 합성수이면, n의 소인수 중에는 $p \leq \sqrt{n}$인 소인수 p가 존재한다. 즉, n은 $\sqrt{n}$보다 작거나 같은 소수의 배수이다.

예제 3.3

100 이하의 정수 중에서 합성수는 소수 2, 3, 5, 7중 어느 하나의 배수이다.

에라토스테네스의 체

```
def sieve(n):
    List = []
    for i in range(2, n+1):
        if i not in List:
            print(i)
            for j in range(i*i, n+1, i):
                List.append(j)
```

```
>>> sieve(10)
2
3
5
7
```

```
def sieve(n):
    not_prime = []
    prime = []
    for i in range(2, n+1):
```

```
        if i not in not_prime:
            prime.append(i)
            for j in range(i*i, n+1, i):
                not_prime.append(j)
    return prime
```

```
>>> sieve(10)
[2, 3, 5, 7]
```

```
num = int(input("몇 번째 수까지 소수를 찾을까요? : "))

prime_list = []
for x in range(2, num + 1):
    is_prime = True
    for y in range(2,x):
        if x % y == 0:
            is_prime = False
            break
    if is_prime:
        prime_list.append(x)
print(prime_list)
```

```
몇 번째 수까지 소수를 찾을까요? : 100
[2, 3, 5, 7, 11, 13, 17, 19, 23, 29, 31, 37, 41, 43, 47,
53, 59, 61, 67, 71, 73, 79, 83, 89, 97]
```

```
num = int(input("몇 번째 수까지 소수를 찾을까요? : "))

prime_list = []
for x in range(2, num + 1):
    is_prime = True
    for y in range(2,int(x ** 0.5) + 1):
        if x % y == 0:
            is_prime = False
            break
    if is_prime:
        prime_list.append(x)
print(prime_list)
```

```
몇 번째 수까지 소수를 찾을까요? : 1000
[2, 3, 5, 7, 11, 13, 17, 19, 23, 29, 31, 37, 41, 43, 47, 53, 59,
61, 67, 71, 73, 79, 83, 89, 97, 101, 103, 107, 109, 113, 127,
131, 137, 139, 149, 151, 157, 163, 167, 173, 179, 181, 191, 193,
197, 199, 211, 223, 227, 229, 233, 239, 241, 251, 257, 263, 269,
271, 277, 281, 283, 293, 307, 311, 313, 317, 331, 337, 347, 349,
353, 359, 367, 373, 379, 383, 389, 397, 401, 409, 419, 421, 431,
433, 439, 443, 449, 457, 461, 463, 467, 479, 487, 491, 499, 503,
509, 521, 523, 541, 547, 557, 563, 569, 571, 577, 587, 593, 599,
601, 607, 613, 617, 619, 631, 641, 643, 647, 653, 659, 661, 673,
677, 683, 691, 701, 709, 719, 727, 733, 739, 743, 751, 757, 761,
769, 773, 787, 797, 809, 811, 821, 823, 827, 829, 839, 853, 857,
859, 863, 877, 881, 883, 887, 907, 911, 919, 929, 937, 941, 947,
953, 967, 971, 977, 983, 991, 997]
```

```
from math import sqrt, ceil

def sieve(n):
    "n 이하의 모든 소수의 리스트 결과값 돌려주기"
    a = [None, None] + list(range(2,n+1))

    for k in range(2, ceil(sqrt(n+1))):
        if a[k] is not None:
            remove(k, a)
    return non_nulls(a)

def remove(k, a):
    "리스트 a로부터 k의 배수(자신 제외) 제거하기"
    for i in range(2*k, len(a), k):
        a[i] = None

def non_nulls(a):
    "None 오브젝트가 삭제된 리스트 a의 카피 돌려주기"
    res = []
    for x in a:
        if x is not None:
            res.append(x)
    return res


>>> sieve(100)
[2, 3, 5, 7, 11, 13, 17, 19, 23, 29, 31, 37, 41, 43, 47,
53, 59, 61, 67, 71, 73, 79, 83, 89, 97]
```

</>

05 산술의 기본정리

정리 3.5

산술의 기본정리

1보다 큰 양의 정수는 소수들의 곱으로 표현할 수 있다. 이 표현은 소수들의 순서를 바꾸는 것 외에는 단 한가지 방법으로 표현된다.

정의 (표준분해) 양의 정수 n $(n \geq 2)$의 서로 다른 소인수가 $p_1, p_2, \ldots, p_r$뿐일 때, n은

$$n = p_1^{k_1} p_2^{k_2} \cdots p_r^{k_r} \quad (k_1 \geq 1,\ k_2 \geq 1,\ \ldots,\ k_r \geq 1)$$

으로 표현가능하다.

정리 3.6

두 양의 정수 a, b가 주어져 있을 때, 이 두 양의 정수를 다음과 같은 꼴로 나타낼 수 있다.

$$a = p_1^{k_1} p_2^{k_2} \cdots p_t^{k_t}, \quad b = p_1^{l_1} p_2^{l_2} \cdots p_t^{l_t}$$

여기서, $p_1, p_2, \ldots, p_t$는 서로 다른 소수이고 $k_i \geq 0$, $l_i \geq 0$이다. 또한
이 경우, 다음이 성립한다.

❶ $\gcd(a,b) = p_1^{\min\{k_1,l_1\}} p_2^{\min\{k_2,l_2\}} \cdots p_t^{\min\{k_t,l_t\}}$

❷ $\mathrm{lcm}(a,b) = p_1^{\max\{k_1,l_1\}} p_2^{\max\{k_2,l_2\}} \cdots p_t^{\max\{k_t,l_t\}}$

❸ $\gcd(a,b)\mathrm{lcm}(a,b) = ab, \quad \gcd(a,b) = 1 \Longleftrightarrow \mathrm{lcm}(a,b) = ab$

산술의 기본정리

```
# 미리 만들어 놓은 sieve.py에서 sieve 함수 불러오기
from sieve import sieve
from functools import reduce

def Prime_Factors(n):
    Prime_List = sieve(n)

    F = []
    for p in Prime_List:
        m = 0
        while n % p == 0:
            n = n / p
            m = m + 1
        if m > 0:
            F.append(str((p, m)))
    return F

def Fund(n):
        Prime = Prime_Factors(n)
        print(n,'=',' * '.join(Prime))
```

```
>>> Fund(720)
720 = (2, 4) * (3, 2) * (5, 1)
>>> Fund(24)
24 = (2, 3) * (3, 1)
```

06 n! 소인수 분해

정의 임의의 실수 x에 대하여 $\lfloor x \rfloor$는 x보다 크지 않은 최대의 정수를 나타낸다. 그리고 함수 $f : \mathbb{R} \to \mathbb{Z},\ f(x) = \lfloor x \rfloor$를 최대정수함수라고 정의한다.

정리 3.7

실수 x와 양의 정수 a, b에 대하여, 다음이 성립한다.

❶ $\left\lfloor \dfrac{\lfloor x \rfloor}{b} \right\rfloor = \left\lfloor \dfrac{x}{b} \right\rfloor$

❷ $\left\lfloor \dfrac{\lfloor \frac{x}{a} \rfloor}{b} \right\rfloor = \left\lfloor \dfrac{x}{ab} \right\rfloor, \quad \left\lfloor \dfrac{\lfloor \frac{x}{b} \rfloor}{b} \right\rfloor = \left\lfloor \dfrac{x}{b^2} \right\rfloor$

증명 ❶ 실수 x와 양의 정수 b에 대하여

$$\lfloor x \rfloor = bq + r, \quad 0 \le r < b$$

라고 하자. 한편,

$$\frac{\lfloor x \rfloor}{b} = q + \frac{r}{b}, \quad 0 \le \frac{r}{b} < 1$$

이므로 $\left\lfloor \frac{\lfloor x \rfloor}{b} \right\rfloor = q$이다. 또한

$$x = \lfloor x \rfloor + \{x\} = bq + r + \{x\},$$
$$0 \le r + \{x\} \le (b-1) + \{x\} < (b-1) + 1 = b$$

이므로 다음을 얻는다.

$$\frac{x}{b} = q + \frac{r + \{x\}}{b}, \quad 0 \le \frac{r + \{x\}}{b} < 1$$

따라서 $\left\lfloor \frac{x}{b} \right\rfloor = q$이다. 그러므로 $\left\lfloor \frac{\lfloor x \rfloor}{b} \right\rfloor = q = \left\lfloor \frac{x}{b} \right\rfloor$이다.

❷ 위의 ❶에서 x대신에 $\frac{x}{a}, \frac{x}{b}$를 대입하면 두 등식을 얻을 수 있다.

이제, n!을 소인수분해 했을 때, 특수한 p가 몇 번 나타나는가를 알아보자. 이를 테면,

$$\begin{aligned} 9! &= 1 \cdot 2 \cdot 3 \cdot \cdots \cdot 8 \cdot 9 \\ &= 2^7 \cdot 3^4 \cdot 5 \cdot 7 \end{aligned}$$

이므로 9!의 표준분해 속에서 2가 7번 나타난다.

정리 3.8

n이 양의 정수일 때, n!의 소인수분해에서 특수한 소수 p의 최고지수 $E(p, n)$는 다음과 같다.

$$E(p, n) = \sum_{k=1}^{\infty} \left\lfloor \frac{n}{p^k} \right\rfloor$$

증명 정수 $1, 2, \ldots, n$ 중에서 p의 배수인 정수는

$$p,\ 2p,\ \ldots,\ \left\lfloor \frac{n}{p} \right\rfloor p$$

뿐이다. 따라서 p가 $n! = 1 \cdot 2 \cdot \cdots \cdot n$의 인수로 나타나는 회수는 p가

$$p \cdot 2p \cdot \cdots \cdot \left\lfloor \frac{n}{p} \right\rfloor p, \text{ 즉, } p^{\left\lfloor \frac{n}{p} \right\rfloor} \cdot 1 \cdot 2 \cdot \cdots \cdot \left\lfloor \frac{n}{p} \right\rfloor$$

의 인수로 나타나는 회수와 일치하므로 다음이 성립한다.

$$E(p, n) = \left\lfloor \frac{n}{p} \right\rfloor + E\left(p, \left\lfloor \frac{n}{p} \right\rfloor\right) \tag{3.2}$$

등식 (3.2)의 양변에 n대신 $\left\lfloor \frac{n}{p} \right\rfloor$를 대입하면, 정리 3.7에 의하여

$\left\lfloor \frac{\left\lfloor \frac{n}{p} \right\rfloor}{p} \right\rfloor = \left\lfloor \frac{n}{p^2} \right\rfloor$이므로

$$E\left(p, \left\lfloor \frac{n}{p} \right\rfloor\right) = \left\lfloor \frac{n}{p^2} \right\rfloor + E\left(p, \left\lfloor \frac{n}{p^2} \right\rfloor\right) \tag{3.3}$$

이다. 따라서 식 (3.2)와 (3.3)에 의하여 다음을 얻는다.

$$E(p, n) = \left\lfloor \frac{n}{p} \right\rfloor + \left\lfloor \frac{n}{p^2} \right\rfloor + E\left(p, \left\lfloor \frac{n}{p^2} \right\rfloor\right)$$

이와 같은 과정을 되풀이 하면 원하는 결과를 얻을 수 있다.

정리 3.8에서, 주어진 양의 정수 n에 대하여, 적당한 양의 정수 i가 있어 $p^i \leq n < p^{i+1}$ 이고 이 경우

$$\left\lfloor \frac{n}{p^i} \right\rfloor \geq 1, \quad \left\lfloor \frac{n}{p^{i+1}} \right\rfloor = \left\lfloor \frac{n}{p^{i+2}} \right\rfloor = \cdots = 0$$

이므로 $E(p, n) = \sum_{k=1}^{\infty} \left\lfloor \frac{n}{p^k} \right\rfloor$은 유한 개의 합으로 이루어진 합이다.

예제 3.4

$n=10$와 $p=2$인 경우에 정리 3.8의 증명 아이디어를 설명해 보자.

$$1\cdot2\cdot3\cdot4\cdot5\cdot6\cdot7\cdot8\cdot9\cdot10=10!$$

$$2\cdot4\cdot6\cdot8\cdot10=2^5\cdot\underline{1\cdot2\cdot3\cdot4\cdot5} \qquad 5=\left\lfloor\frac{10}{2}\right\rfloor$$

$$1\cdot2\cdot3\cdot4\cdot5=5!$$

$$2\cdot4=2^2\cdot\underline{1\cdot2} \qquad 2=\left\lfloor\frac{5}{2}\right\rfloor$$

$$1\cdot2=2!$$

$$2=2^1\cdot\underline{1} \qquad 1=\left\lfloor\frac{2}{2}\right\rfloor$$

$$10!=2^{5+2+1}\cdot\square\cdot\cdots\cdot\square$$

예제 3.5

정수 $15!$의 표준분해를 구하라.

예제 3.6

정수 $100!$은 10^{24}의 배수가 됨을 보여라.

n! 인수분해

```
# 미리 만들어 놓은 sieve.py에서 sieve 함수 불러오기
from sieve import sieve


def infinity():
```

```
    i=0
    while True:
        i+=1
        yield i

def E(n, p):                              # 소수 p의 최고지수
    List = []
    for i in infinity():
        if n // p**i == 0:
            break
        else:
            List.append(n // p**i)
    return sum(List)

def factorial(n):
    Prime_List = sieve(n)
    F = []
    for p in Prime_List:
        F.append(str((p,E(n, p)))) # p^E(n, p)를 (p, E(n, p))
    print(n,'!','=', ' * '.join(F))


>>> factorial(10)
10 ! = (2, 8) * (3, 4) * (5, 2) * (7, 1)
>>> factorial(15)
15 ! = (2, 11) * (3, 6) * (5, 3) * (7, 2) * (11, 1) * (13, 1)
```

제 4 장

일차합동식과 그 응용

</> —OX

수학 이야기

01 <손자산경>

〈손자산경, 孙子算经〉은 기원후 3~5세기경 중국에서 집필된 것으로 추정된다. 중국에는 고전 수학서 10종을 산경십서(算经十書)라 부르는데, 〈주비산경(周髀算經)〉, 〈구장산술(九章算術)〉, 〈손자산경(孫子算經)〉, 〈해도산경(海島算經)〉, 〈오조산경(五曹算經)〉, 〈하후양산경(夏侯陽算經)〉, 〈장구건산경(張邱建算經)〉, 〈오경산술(五經算術)〉, 〈집고산경(緝古算經)〉, 〈철술(綴術)〉이 있다.

그중 〈손자산경〉은 저자에 관해 알려진 바는 없으나 중요한 고대의 수학서로 꼽힌다. 이 책은 상권(上卷), 중권(中卷), 하권(下卷)으로 구성되며 상권에서는 계산 도구인 산가지의 사용법과 물체의 길이, 무게, 부피 등을 구하는 법을 다룬다. 중권에서는 분수의 사칙연산 계산법, 제곱근 계산법을, 하권에서는 정수론 문제를 다루고 있다.

〈손자산경〉에는 연립합동식 문제가 처음 등장했다고 알려져 있다. 이후 이를 기리기 위해 연립 합동식의 해의 존재성과 유일성을 증명하는 문제에 대한 해법을 서양 수학사에서 중국인 나머지 정리(Chinese remainder theorem)라고 불렀다고 전해진다.

〈손자산경〉에 재미있는 문제가 있는데 함께 풀어보자.

문제

꿩과 토끼가 모두 함께 한 바구니에 들어있다. 위에서 보니 머리가 35개이고 아래에서 보니 발이 94개이다. 이 바구니에 꿩과 토끼는 각각 몇 마리가 들어있는가?

지금의 우리라면 문자를 사용해서 풀이했겠지만 당시에는 수학에서 문자를 사용한다는 개념이 없었다. 〈손자산경〉의 풀이를 함께 보자.

풀이

❶ 발의 수 94에서 반을 나눠라. 94÷2 = 47
❷ ❶에서 나온 수에서 머리 수 35를 빼라. 47−35 = 12
❸ ❷에서 나온 수를 머리 수 35에서 빼라. 35−12 = 23

풀이를 보니 이해가 되는가? ❶번을 보면 토끼 발은 4개, 꿩은 2개이다. 2개를 하나로 묶어 토끼는 2개, 꿩이 1개라고 하는 것이다. 총 발의 수 94개에서 2로 나누면 47개가 된다. ❷에서 보면 47개 중 머리 수 35를 뺀다는 의미는 2개의 발을 가진 꿩을 뺀다는 것이다. 토끼와 꿩의 머리는 모두 하나이므로 머리 수는 동물의 총 개수와 같다. 따라서 토끼는 12마리가 된다. 토끼의 수가 나왔으니 꿩의 수를 세기는 쉽다. ❸을 보면 머리 수 35에서 토끼의 수 12를 뺀 23이 꿩의 수가 되는 것이다.

그림 2.4.1 토끼와 꿩 문제

02 합동식

합동식의 개념은 독일의 대 수학자 가우스(Karl Friedrich Gauss, 1777–1855)가 19세기 초에 도입한 개념이다.

나눗셈 알고리즘의 또다른 중요한 응용은 모듈연산(modular arithmetic)이다. 이것은 우리가 흔히 사용하는 계수(counting) 방법의 추상화이다. 예를 들어, 지금이 9월일 때, 지금부터 25개월 후는 몇월인가? 물론, 답은 10월이지만 흥미로운 점은 지금 9월에서 시작하여 25개월을 계수하여 답에 이른 것이 아니라, 단지 $25 = 2 \cdot 12 + 1$을 주목하고 9월에 한달을 더하였다. 유사하게, 요일의 계수, 시간의 계수 등. 놀랍게도, 이러한 단순한 아이디어는 수학분야나 컴퓨터과학에 수만은 중요한 응용력을 지닌다.

정의 (합동식) 고정된 양의 정수 m에 대하여, 두 정수 a, b의 차가 m의 배수일 때, 즉 $m \mid (a-b)$일 때, a와 b는 법 m에 관하여 합동[congruent modulus m]이라 하고

$$a \equiv b \pmod{m}$$

으로 나타낸다. 합동기호 $\equiv \pmod{m}$가 들어 였는 식을 합동식이라고 한다.

고정된 양의 정수 m에 대하여, 정수의 집합위에 정의된 합동관계 $\equiv \pmod{m}$는 동치관계이다. 즉,

1. $a \equiv a \pmod{m}$
2. $a \equiv b \pmod{m}$이면 $b \equiv a \pmod{m}$이다.

③ $a \equiv b \pmod{m}$이고 $b \equiv c \pmod{m}$이면 $a \equiv c \pmod{m}$이다.

정리 4.1

양의 정수 m과 정수 a, b, c, d에 대하여, $a \equiv b \pmod{m}$이고 $c \equiv d \pmod{m}$이면

$$a \pm c \equiv b \pm d \pmod{m}, \quad ac \equiv bd \pmod{m}$$

이다.

예제 4.1

$2^{20}-1$은 41의 배수이다.

예제 4.2

$1! + 2! + \cdots + 99! + 100!$을 20로 나눈 나머지를 구하라.

예제 4.3

양의 정수

$$\begin{aligned} a &= a_n a_{n-1} \cdots a_1 a_{0(10)} \\ &= a_n 10^n + a_{n-1} 10^{n-1} + \cdots + a_1 10 + a_0 \end{aligned}$$

에 대하여,

(a) a를 2^k, 5^k $(k \geq 1)$로 나눈 나머지를 구해보자:

$$2 \mid 10, \ 5 \mid 10, \ 2^k \mid 10^k, \ 5^k \mid 10^k$$

이기 때문에

$$a \equiv a_{k-1}10^{k-1} + \cdots + a_1 10 + a_0 \pmod{2^k} \ (1 \le k \le n)$$
$$= a_{k-1} \cdots a_1 a_{0(10)} \pmod{2^k}$$
$$a \equiv a_{k-1}10^{k-1} + \cdots + a_1 10 + a_0 \pmod{5^k} \ (1 \le k \le n)$$
$$= a_{k-1} \cdots a_1 a_{0(10)} \pmod{5^k}$$

(b) a를 3, 9, 11로 나눈 나머지를 구해보자:

$$10 \equiv 1 \pmod 3, \quad 10 \equiv 1 \pmod 9, \quad 10 \equiv -1 \pmod{11},$$
$$10^k \equiv 1 \pmod 3, \quad 10^k \equiv 1 \pmod 9, \quad 10^k \equiv (-1)^k \pmod{11}$$

이므로 다음을 얻는다.

$$a \equiv a_n + a_{n-1} + \cdots + a_1 + a_0 \pmod 3$$
$$a \equiv a_n + a_{n-1} + \cdots + a_1 + a_0 \pmod 9$$
$$a \equiv a_0 - a_1 + \cdots + (-1)^n a_n \pmod{11}$$

정의 (일차합동식) 다음과 같은 합동식을 일차합동식이라고 한다.

$$a\,x \equiv b \pmod m, \ (m \nmid a)$$

정리 4.2

일차합동식 $a\,x \equiv b \pmod m$이 해를 가질 필요충분조건은 $\gcd(a, m) \mid b$이다. 이 경우에 주어진 일차합동식은 법 m으로 $\gcd(a, m)$개의 합동이 아닌 해들을 갖는다. 실제로, x_0가 이 일차합동식의 해라고 하면 d개의 합동이 아닌 해는 다음과 같다.

$$x \equiv x_0 + \frac{m}{\gcd(a, m)} r \pmod m \qquad (r = 0, 1, \ldots, \gcd(a, m) - 1)$$

예제 4.4

일차합동식 $6x \equiv 12 \pmod 9$의 해를 구하라.

$$
\begin{array}{c|cc|c}
0 & 6 & 9 & 1 \\
 & 0 & 6 & \\
\cline{2-3}
2 & 6 & 3 & \\
 & 6 & & \\
\cline{2-2}
 & 0 & & \\
\end{array}
$$

a_i	0	1		
s_i	1	0	1	−1
t_i	0	1	0	1

$$6 \cdot (-1) + 9 \cdot 1 = 3$$

- $6 \cdot (-4) + 9 \cdot 4 = 12$
- $6 \cdot (-4) \equiv 12 \pmod 9$: 특수해: $x_0 = -4 \equiv 5 \pmod 9$.
- $x \equiv 5 + \frac{9}{3} \cdot r \pmod 9$, $r = 0, 1, 2$.
- $x \equiv 5 \pmod 9$, $x \equiv 8 \pmod 9$, $x \equiv 2 \pmod 9$.

예제 4.5

일차합동식 $9x \equiv 12 \pmod{15}$의 해를 구하라.

$$
\begin{array}{c|cc|c}
0 & 9 & 15 & 1 \\
 & 0 & 9 & \\
\cline{2-3}
1 & 9 & 6 & 2 \\
 & 6 & 6 & \\
\cline{2-3}
 & 3 & 0 & \\
\end{array}
$$

a_i	0	1	1		
s_i	1	0	1	−1	2
t_i	0	1	0	1	−1

$$9 \cdot 2 + 15 \cdot (-1) = 3$$

- $9 \cdot 8 + 15 \cdot (-4) = 12$
- $9 \cdot 8 \equiv 12 \pmod{15}$: 특수해: $x_0 = 8$.
- $x \equiv 8 + \frac{15}{3} \cdot r \pmod{15}$, $r = 0, 1, 2$.
- $x \equiv 8 \pmod{15}$, $x \equiv 13 \pmod{15}$, $x \equiv 3 \pmod{15}$.

일차합동식

```
def gcd_lin(a, m):
    if m == 0:
        return (a, 1, 0)
    else:
        g, s, t = gcd_lin(m, a % m)
        return [g, t, s - (a // m) * t]

def Cong_Equation(a, b, m):  # ax = b (mod m)
    P = []
    p = gcd_lin(a, m)[0]     # gcd(a, m)
    q = gcd_lin(a, m)[1]     # s
    r = gcd_lin(a, m)[2]     # t

    if b % p == 0:
        for i in range(p):
            P.append(int(q * (b / p) + (m / p)*i) % m)
    else:
        print("Non consistent")

    for i in P:
        print("x = %d (mod %d)"%(i, m))

>>> Cong_Equation(9, 21, 30)
x = 9 (mod 30)
x  =  19  (mod 30)
x  =  29  (mod 30)
>>> Cong_Equation(9, 22, 30)
Non consistent
```

</>

03 중국인 나머지 정리

수론number theory과 환론ring theory에서 중국인의 나머지 정리中國人-定理; Chinese remainder theorem는 쌍마다 서로소 아이디얼들에 대한 몫환quotient ring들의 곱에 대한 정리이다. 즉, 수론적 용어로 쓰면, 어떤 쌍마다 서로소 자연수들에 대한 연립 합동식의 해의 유일한 존재에 대한 정리이다. 이 정리는 원래 5세기 남북조 시대의 중국 수학서 손자산경에 최초로 등장하였다. 〈손자산경〉 하권(下卷) 문제 26번은 다음과 같다.

"개수를 알지 못하는 것들이 있다. 셋씩 센다면 두 개가 남고, 다섯씩 센다면 세 개가 남고, 일곱씩 센다면 두 개가 남는다. 질문: 총 몇 개인가?"

정리 4.3

중국인 나머지 정리

양의 정수 $n_1, n_2, \ldots, n_r$ $(r \geq 2)$이 쌍마다 서로소라고 하자. 그러면 연립일차합동식

$$
\begin{aligned}
x &\equiv a_1 \pmod{n_1} \\
x &\equiv a_2 \pmod{n_2} \\
&\vdots \\
x &\equiv a_r \pmod{n_r}
\end{aligned}
$$

은 법 $n_1 n_2 \cdots n_r$에 관한 단 한 개의 해를 가진다.

증명 우선 $n_1 n_2 \cdots n_r$이라 두고, 각 $k = 1, 2, \ldots, r$에 대하여

$$N_k = \frac{n}{n_k} = n_1 n_2 \cdots n_{k-1} n_{k+1} \cdots n_r$$

로 두자. 그러면 모든 n_k들이 서로 소임으로 $\gcd(N_k, n_k) = 1$이다.
따라서

$$N_k\, x \equiv 1 \pmod{n_k}$$

는 유일한 해, x_k를 가진다.

한편,

$$\begin{aligned} \bar{x} &= a_1 N_1 x_1 + a_2 N_2 x_2 + \cdots + a_r N_r x_r \\ &\equiv a_k N_k x_k \pmod{n_k} && N_i \equiv 0 \pmod{n_k}\ (i \neq k) \\ &\equiv a_k \pmod{n_k} && N_k\, x_k \equiv 1 \pmod{n_k} \end{aligned}$$

이므로, 주어진 연립합동식은 다음과 같이 고쳐 쓸 수 있다.

$$\begin{aligned} x &\equiv \bar{x} \pmod{n_1} \\ x &\equiv \bar{x} \pmod{n_2} \\ &\ \ \vdots \\ x &\equiv \bar{x} \pmod{n_r} \end{aligned}$$

또한 위의 연립합동식은 $x \equiv \bar{x} \pmod{n}$과 동치이다. 이유는 다음과 같다.

$$n_k \mid x - \bar{x},\ \forall\, k \iff n = n_1 n_2 \cdots n_r = \operatorname{lcm}(n_1, n_2, \ldots, n_r) \mid x - \bar{x}$$

예제 4.6

다음 연립일차합동식의 해를 구하여라.

$$x \equiv 2 \pmod 3$$
$$x \equiv 3 \pmod 5$$
$$x \equiv 2 \pmod 7$$

- $105 = 3 \cdot 5 \cdot 7$
- $35 \cdot 2 \equiv 1 \pmod 3$, $21 \cdot 1 \equiv 1 \pmod 5$, $15 \cdot 1 \equiv 1 \pmod 7$
- $\overline{x} = 2 \cdot 35 \cdot 2 + 3 \cdot 21 \cdot 1 + 2 \cdot 15 \cdot 1 = 233 \equiv 23 \pmod{105}$
- $23, 128, 233, \ldots$

예제 4.7

17명의 해적 무리가 금화 한 자루를 훔쳤다. 그들이 재산을 동등한 부분으로 나누려고 했을 때, 3개의 동전이 남아있었다. 누가 여분의 동전을 받아야 하는지에 대한 뒤이은 싸움에서 해적 한 명이 살해되었다. 부는 재분배되었지만, 이번에는 동등한 분배가 10개의 동전을 남겼다. 또 다른 해적이 살해된 논쟁이 전개되었다. 이제는 생존자들에게 재산이 골고루 분배되었다. 이들이 훔친 동전의 최소 개수는 몇 개였을까?

중국인 나머지 정리

```
from functools import reduce

def chinese_remainder(n, a):
    sum = 0
    prod = reduce(lambda z, w: z * w, n)
```

```
    for n_i, a_i in zip(n, a):
        p = prod / n_i
        sum += a_i * mul_inv(p, n_i) * p
    return int(sum % prod)

def mul_inv(a, b):
    s0, s1 = 1, 0
    while b != 0:
        q, a, b = a // b, b, a % b
        s0, s1 = s1, s0 - q * s1
    if s0 < 0: s0 += b
    return  s0


>>> reduce(lambda z, w: z * w, [4,5,7])
140
>>> list(zip([1,2,3],[4,5,6]))
[(1, 4), (2, 5), (3, 6)]
>>> chinese_remainder([4,5,7], [1,3,2])
93
```

</> —OX

04 합동식의 응용

4.1 EAN-13

국제 상품 번호(International Article Number, 이전 이름: 유럽 상품 번호(European Article Number)) 또는 EAN-13 바코드는 미국에서 개발된 원래 12자리의 세계 상품 코드(Universal Product Code, UPC) 시스템의 일부인 13자리 (12개 번호 + 검사 번호)의 바코드 표준이다.

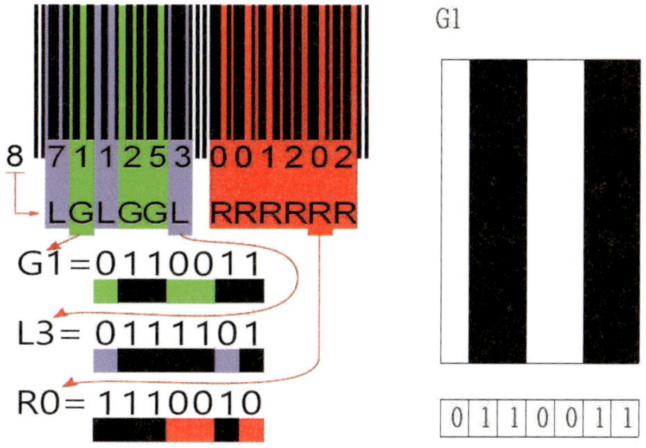

그림 2.4.2 EAN-13 부호화

- EAN-13의 첫번째 자리의 숫자에 의해 대문자(L, G, R)의 코드배열이 결정된다. 그림 2.4.3 참조
- 그림 2.4.3의 규칙에 의해서 이진법으로 구성된 바코드가 만들어 진다.

EAN-13의 구조

첫 번째 숫자	6개 숫자 첫 그룹	6개 숫자 마지막 그룹
0	LLLLLL	RRRRRR
1	LLGLGG	RRRRRR
2	LLGGLG	RRRRRR
3	LLGGGL	RRRRRR
4	LGLLGG	RRRRRR
5	LGGLLG	RRRRRR
6	LGGGLL	RRRRRR
7	LGLGLG	RRRRRR
8	LGLGGL	RRRRRR
9	LGGLGL	RRRRRR

숫자 부호화

숫자	L코드	G코드	R코드
0	0001101	0100111	1110010
1	0011001	0110011	1100110
2	0010011	0011011	1101100
3	0111101	0100001	1000010
4	0100011	0011101	1011100
5	0110001	0111001	1001110
6	0101111	0000101	1010000
7	0111011	0010001	1000100
8	0110111	0001001	1001000
9	0001011	0010111	1110100

그림 2.4.3 EAN-13 구조와 숫자 부호화

4.2 ISBN

ISBN[International Standard Book Number]은 국제적으로 책에 붙이는 고유한 식별자로, 원래 1966년 영국에서 "표준 도서 번호"[SBN] 라는 이름으로 만들어졌고 1970년 국제 표준화 기구에 의해 ISO 2108 이라는 표준으로 채택되었다. 본래 ISBN은 10자리였지만 2007년 1월 1일 이후부터는 유럽상품번호[EAN]에 맞춰 13자리로 바뀌어, 이를 ISBN-13 이라 부르기도 한다.

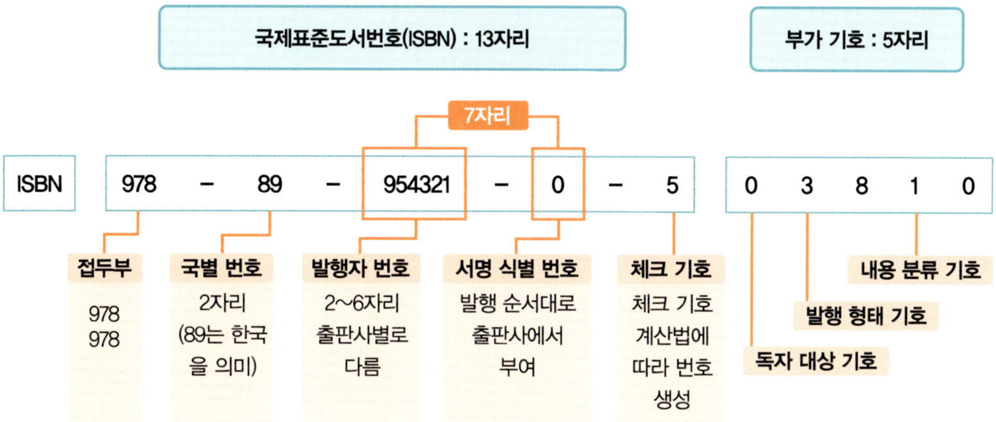

그림 2.4.4 ISBN 구조

9 788947 224055 93310
ISBN 89-472-2405-7

93000
9 791158 392185
ISBN 979-11-5839-218-5

그림 2.4.5 ISBN-10과 ISBN-13

ISBN-10 check digit

ISBN이 $x_1x_2\ \cdot\cdot\cdot\ x_{10}$일 때(-는 무시), 처음 9개의 숫자는 각각 0, 1, 2, . . . , 9중의 한 숫자이고, x_{10}(check digit)은

- $x_{10} \equiv \sum_{i=1}^{9} i\, x_i \pmod{11}, \quad 0 \le x_{10} \le 10$
- $x_{10} = 10$인 경우에는 이것을 X로 나타낸다.

또한 다음을 알 수 있다.

$$\sum_{i=1}^{10} i\, x_i = 10\, x_{10} + \sum_{i=1}^{9} i\, x_i \equiv 10\, x_{10} + x_{10} = 11 x_{10} \equiv 0 \pmod{11}$$

$$\sum_{i=1}^{10} i\, x_i \equiv 0 \pmod{11} \iff \sum_{i=1}^{10} (11 - i)\, x_i \equiv 0 \pmod{11}$$

따라서 ISBN-10 check digit를 구하는 식은 다음과 같다.

$$x_{10} = \left(11 - \left(\sum_{i=1}^{9} (11 - i)\, x_i\right) \pmod{11}\right) \pmod{11} \qquad (4.1)$$

예제 4.8

ISBN 89-472-2405-☐

	x_1 x_2 x_3 x_4 x_5 x_6 x_7 x_8 x_9 8 9 4 7 2 2 4 0 5	
weight	1 2 3 4 5 6 7 8 9	
$x_i \times w_i \pmod{11}$	8 7 1 6 10 1 6 0 1	$\Sigma \equiv 7 \pmod{11}$
weight*	10 9 8 7 6 5 4 3 2	
$x_i \times w_i^* \pmod{11}$	3 4 10 5 1 10 5 0 10	$\Sigma \equiv 4 \pmod{11}$
		$(11 - 4) \pmod{11} = 7$

ISBN을 처리할 때 가장 일반적인 두 가지 오류(예: 입력 또는 기록시)는 단지 하나의 변경된 숫자 또는 인접한 숫자의 전치이다.

• 단지 하나의 숫자가 다른 경우

$$\text{ISBN } x_1x_2\cdots x_{k-1}x_kx_{k+1}\cdots x_{10},\ \text{ISBN } x_1x_2\cdots x_{k-1}y_kx_{k+1}\cdots x_{10}$$

$$\sum_{i=1}^{10} i\,x_i \equiv 0 \pmod{11},\ \left(\sum_{i=1}^{k} i\,x_i + ky_k + \sum_{i=k+1}^{10} i\,x_i\right) \equiv 0 \pmod{11}$$

이면 $11 \mid k(x_k - y_k)$ 가 된다. 한편, $\gcd(11, k) = 1$이기 때문에,

$$11 \mid (x_k - y_k)$$

이다. 따라서 $x_k = y_k$.

• 인접한 숫자의 전치

$$\text{ISBN } x_1x_2\cdots x_{k-1}a\,b\,x_{k+2}\cdots x_{10},\ \text{ISBN } x_1x_2\cdots x_{k-1}b\,a\,x_{k+2}\cdots x_{10}$$

$$11 \mid ka + (k+1)b - (kb + (k+1)a) = b - a$$

따라서 $a = b$.

ISBN-10 check digit

```
def isbn_10(L):
    S = []
    for i in range(1, 10):
        S.append((11-i)*L[i-1] % 11)
    check = (11-(sum(S) % 11)) % 11
    if check == 10:
        print("Check Digit: X")
    else:
        print("Check Digit: {}".format(check))
```

```
>>> isbn_10([8,9,4,7,2,2,4,0,5])
Check Digit: 7
```

ISBN-13 check digit

ISBN이 $x_1x_2\cdots x_{13}$일 때(–는 무시), 처음 12개의 숫자는 각각 0, 1, 2, . . . , 9중의 한 숫자이고, x_{13}(check digit)은

- $ws = \sum_{i=1}^{12} w_i x_i, \quad w_i = \begin{cases} 1, & i : \text{odd} \\ 3, & i : \text{even} \end{cases}$
- $x_{13} = \Big(10 - ws \pmod{10}\Big) \pmod{10}$

또한 다음을 알 수 있다.

$$\sum_{i=1}^{13} w_i x_i \equiv 0 \pmod{10}, \quad w_i = \begin{cases} 1, & i : \text{odd} \\ 3, & i : \text{even} \end{cases}$$

예제 4.9

ISBN 978-0-306-40615-☐

	x_1 9	x_2 7	x_3 8	x_4 0	x_5 3	x_6 0	x_7 6	x_8 4	x_9 0	x_{10} 6	x_{11} 1	x_{12} 5
weight	1	3	1	3	1	3	1	3	1	3	1	3
$x_i \times w_i \pmod{10}$	9	1	8	0	3	0	6	2	0	8	1	5

- $ws \pmod{10} = 3$
- x_{13}(check digit) = 10 – 3 = 7

- **단지 하나의 숫자가 다른 경우**

$$\text{ISBN } x_1x_2\cdots x_{k-1}x_kx_{k+1}\cdots x_{13}, \text{ ISBN } x_1x_2\cdots x_{k-1}y_kx_{k+1}\cdots x_{13}$$

$$10 \mid x_k - y_k \quad \text{or} \quad 10 \mid 3(x_k - y_k)$$

한편, gcd(10, 3) = 1이기 때문에, $10 \mid (x_k - y_k)$이다. 따라서 $x_k = y_k$.

이 점검 시스템은 UPC 점검 자리 표시 공식과 유사하게 인접한 자리 표시 전환의 모든 오류를 감지하지 못한다. 특히, 인접한 두 자리수의 차이가 5인 경우 제크 자리수는 해당 자리수의 위치를 파악하지 못한다.

- **인접한 숫자의 전치**

$\text{ISBN } x_1x_2\cdots x_{k-1}a\,b\,x_{k+2}\cdots x_{12}, \text{ ISBN } x_1x_2\cdots x_{k-1}b\,a\,x_{k+2}\cdots x_{12}$
$(0 \le a, b \le 9)$

$$10 \mid a + 3b - (3a + b) = 2b - 2a \quad \text{or} \quad 10 \mid 3a + b - (a + 3b) = 2a - 2b$$

즉, $5 \mid a - b$ 이다. 따라서 만일 $a \neq b$ 이면 $|a - b| = 5$

```
def isbn_13(L):
    S = []
    for i in range(1, 13):
        if i % 2 == 0:
            S.append(3*L[i-1] % 10)
        else:
            S.append(L[i-1])
    check = (10 - (sum(S) % 10)) % 10
    if check == 10:
        print("Check Digit: X")
    else:
        print("Check Digit: {}".format(check))
```

```
>>> isbn_13([9,7,8,0,3,0,6,4,0,6,1,5])
Check Digit: 7
```

4.3 ISSN

국제표준연속간행물번호International Standard Serial Number 제도는 전 세계에서 간행되는 학술지, 신문, 잡지, 연감 등 계속자료의 식별을 위하여, 국제표준에 따라 계속 자료에 하나의 고유한 번호를 부여하고 간행물의 서지정보를 ISSN 국제센터에 등록하여 이를 국제적으로 상호 활용할 수 있도록 마련된 제도이다.

그림 2.4.6 ISSN

check digit

$$x_8 = \left(11 - \left(\sum_{i=1}^{7} (9-i)\, x_i\right) \pmod{11}\right) \pmod{11}$$

예제 4.10

ISSN 2049-363

	x_1 2	x_2 0	x_3 4	x_4 9	x_5 3	x_6 6	x_7 3	
weight	8	7	6	5	4	3	2	
$x_i \times w_i$ (mod 11)	5	0	2	1	1	7	6	$\Sigma \equiv 0$ (mod 11)
								$(11-0)$ (mod 11) $= 0$

ISSN check digit

```
def issn(L):
    S = []
    for i in range(1, 8):
        S.append((9-i)*L[i-1] % 11)
    check = (11-(sum(S) % 11)) % 11
    if check == 10:
        print("Check Digit: X")
    else:
        print("Check Digit: {}".format(check))

>>> issn([2,0,4,9,3,6,3])
Check Digit: 0
```

4.4 리그전 대진표 만들기

운동 경기는 주로 토너먼트 방식과 라운드 로빈 방식[round-robin tournament]으로 진행된다. 여기서 N 개의 팀이 벌리는 경기에서 각 팀이 나머지 다른 팀과 꼭 한번씩 대전하는 라운드 로빈 방식으로 대진표를 만드는 방법에 대하여 생각해 보자.

(1) N이 짝수인 경우:

회전 / 팀	1	2	$\cdots$	i	$\cdots$	N
1			$\cdots$		$\cdots$	
2			$\cdots$		$\cdots$	
$\vdots$			$\vdots$		$\vdots$	
k			$\cdots$	j	$\cdots$	
$\vdots$			$\vdots$		$\vdots$	
$N-1$			$\cdots$		$\cdots$	

- 각 회전 k $(1 \leq k \leq N-1)$와 각 팀 i $(1 \leq i \leq N-1)$에 대하여,

$$i + j \equiv k \pmod{N-1}, \quad 1 \leq j \leq N-1$$

  인 정수 j가 단 하나 존재한다.
- 각 회전 k $(1 \leq k \leq N-1)$에 대하여,

$$2i \equiv k \pmod{N-1}, \quad 1 \leq i \leq N-1$$

  인 정수 i가 단 하나 존재한다.
- 만일

$$i + j \equiv k \pmod{N-1}, \quad i + j \equiv k' \pmod{N-1}$$

  이면 $k \equiv k' \pmod{N-1}$, 즉, $k = k'$이다.

  따라서 다음과 같은 방식으로 대진표를 만든다.

❶ $i \neq j$이면 k회전에서 팀 i와 팀 j가 대전한다.
❷ $i = j$이면 k회전에서 팀 i와 팀 N이 대전한다.

예제 4.11

팀의 수가 4개인 경우의 대진표를 만들어라.

(2) N이 홀수인 경우:

이 경우에 N 개의 팀에 각각 번호 '1, 2, . . . , N '을 매기고 가상의 팀 'N + 1'을 추가하여 팀의 수가 짝수인 경우에서와 같은 방법으로 N + 1 개의 팀에 대한 대진표를 만들어 각 회전마다 N + 1과 대전하게 되는 팀은 쉬게한다.

예제 4.12

팀의 수가 5개인 경우의 대진표를 만들어라.

리그전 대진표 만들기

```
def round_robin(n):
    if n % 2 == 0:
        for k in range(1, n):
            L = []
            for i in range(1, n):
                j = k - i % (n-1)
                if j <= 0:
                    j = j + n - 1
                if j != i:
                    L.append(set([i, j]))
                else:
                    L.append(set([i, n]))
            new_L = []
            for i in L:
                if i not in new_L:
                    new_L.append(i)
            R = []
```

```
            for i in new_L:
                R.append(sorted(i))
            print("{}회전: {} 경기".format(k, R))
    else:
        print("{}팀은 가상의 팀이다. 가상의 팀과 경기 하는 팀은 쉰다.".format(n+1))
        return round_robin(n+1)
```

```
>>> round_robin(4)
1회전: [[1, 3], [2, 4]] 경기
2회전: [[1, 4], [2, 3]] 경기
3회전: [[1, 2], [3, 4]] 경기
>>> round_robin(5)
6팀은 가상의 팀이다. 가상의 팀과 경기 하는 팀은 쉰다.
1회전: [[1, 5], [2, 4], [3, 6]] 경기
2회전: [[1, 6], [2, 5], [3, 4]] 경기
3회전: [[1, 2], [3, 5], [4, 6]] 경기
4회전: [[1, 3], [2, 6], [4, 5]] 경기
5회전: [[1, 4], [2, 3], [5, 6]] 경기
>>> round_robin(7)
8팀은 가상의 팀이다. 가상의 팀과 경기 하는 팀은 쉰다.
1회전: [[1, 7], [2, 6], [3, 5], [4, 8]] 경기
2회전: [[1, 8], [2, 7], [3, 6], [4, 5]] 경기
3회전: [[1, 2], [3, 7], [4, 6], [5, 8]] 경기
4회전: [[1, 3], [2, 8], [4, 7], [5, 6]] 경기
5회전: [[1, 4], [2, 3], [5, 7], [6, 8]] 경기
6회전: [[1, 5], [2, 4], [3, 8], [6, 7]] 경기
7회전: [[1, 6], [2, 5], [3, 4], [7, 8]] 경기
```

제 5 장

페르마 소정리와 RSA 공개키 암호

</>

수학 이야기

01 페르마의 놀라운 발견

그림 2.5.1 피에르 드 페르마 1607~1665

피에르 드 페르마[Pierre de Fermat, 1607~1665]는 프랑스의 변호사였다. 페르마가 생전에 아주 사랑하는 취미가 있었는데 바로 '수학'이었다. 그는 취미 삼아 수학을 했지만 수학사에 남긴 그의 업적은 아주 위대했다. 그래서 그는 '아마추어 수학자'와 동시에 '17세기 최고의 수학자'로도 꼽히는 인물이다.

그는 디오판토스의 〈산학〉을 굉장히 좋아했는데 시간이 날 때마다 이 책을 읽으며 책의 여백에 식을 쓰고 문제의 답이 생각나면 또 여백에 적어놓았다. 그는 어느 날 〈산학〉을 읽다가 방정식 하나를 만나게 되는데 그것이 바로 피타고라스의 정리이다. 피타고라스의 정리를 유심히 바라보다가 그는 새로운 방정식을 만들어보게 되었다. 그것은 페르마의 마지막 정리[Fermat's Last Theorem]가 되었다.

이 정리는 피타고라스의 정리에서 지수를 바꿔서 3 이상일 경우 이 식을 만족하는 정수해가 존재하지 않는다는 것이다. 이후로 350년 동안 수학자들이 풀지 못한 난제가 되었다. 왜냐하면 페르마는 이에 대한 답을 발표하거나 적어두지 않았기 때문이다.

Fermat's Last theorem

There are no three positive integers x, y, and z for which

$$x^n + y^n = z^n$$

for any integer n > 2

그림 2.5.2 페르마의 마지막 정리

그는 이렇게 발견한 방정식을 두고 그 아래 이렇게 써두었다. '나는 경이로운 방법으로 이 정리를 증명했지만 책의 여백이 너무 좁아 여기에 적지는 않겠다.' 이후 독일의 수학자였던 파울 볼프스켈Paul Friedrich Wolfskehl, 1856~1906이 페르마의 마지막 정리를 증명하는 첫 번째 사람에게 십만 마르크를 상금으로 주라며 괴팅겐 왕립 과학원에 기증했다. 결국 1997년 영국의 수학자 앤드류 와일즈Andrew Wiles가 이를 증명하여 상금을 받게 되었다.

02 페르마의 소정리

정리 5.1

페르마의 소정리

p가 소수이고 $\gcd(p, a) = 1$이면,

$$a^{p-1} \equiv 1 \pmod{p}$$

증명을 간단히 살펴보면 다음과 같다.

- $p-1$ 개의 정수

$$a,\ 2a,\ 3a,\ \ldots,\ (p-1)a$$

  는 어느 두 개도 법 p로 합동이 아님
- $p-1$ 개의 각 정수는 법 p로서 $1, 2, \ldots, (p-1)$ 중의 어느 하나와 합동
- $a \cdot 2a \cdot 3a \cdots (p-1)a \equiv 1 \cdot 2 \cdot 3 \cdots (p-1) \pmod{p}$
- $a^{p-1} \equiv 1 \pmod{p}$를 얻는다.

예제 5.1

5^{38}을 11로 나눈 나머지를 구하라.

정리 5.2

서로 다른 두 소수 p, q에 대하여 $m = pq$라 하고

$$\gcd(e, \phi(m)) = 1, \quad 1 \le e < \phi(m)$$

인 정수 e에 대하여 d를

$$ed \equiv 1 \pmod{\phi(m)}, \quad 1 \le d < \phi(m)$$

인 정수라고 하자. 여기서, $\phi(m) = (p-1)(q-1)$이다. 이 때, 임의의 정수 a에 대하여 $b \equiv a^e \pmod{m}$이면, $b^d \equiv a^{ed} \equiv a \pmod{m}$이다.

증명을 간단히 살펴보면 다음과 같다.

- $ed \equiv 1 \pmod{\phi(m)} \Longrightarrow ed = \phi(m)t + 1$
- $a^{ed} = a^{\phi(m)t+1} = a^{\phi(m)t} \cdot a = a^{(p-1)(q-1)t} \cdot a = (a^{p-1})^{(q-1)t} \cdot a$

  (i) $\gcd(a, p) = 1 : a^{ed} = (a^{p-1})^{(q-1)t} \cdot a \equiv 1^{(q-1)t} \cdot a = a \pmod{p}$

  (ii) $\gcd(a, p) \ne 1 : a^{ed} \equiv 0^{ed} = 0 \equiv a \pmod{p}$

- (i)과 (ii)에 의해서, 임의의 $a \in \mathbb{Z}$에 대하여

$$a^{ed} \equiv a \pmod{p} \tag{5.1}$$

- 유사하게, 임의의 $a \in \mathbb{Z}$에 대하여

$$a^{ed} \equiv a \pmod{q} \tag{5.2}$$

- 식 (5.1)과 (5.2)에 의해서, 임의의 $a \in \mathbb{Z}$에 대하여 다음을 얻는다.

$$a^{ed} \equiv a \pmod{m}$$

03 RSA 암호시스템

RSA는 공개키 암호시스템의 하나로, 암호화뿐만 아니라 전자서명이 가능한 최초의 알고리즘으로 알려져 있다. RSA가 갖는 전자서명 기능은 인증을 요구하는전자 상거래 등에 RSA의 광범위한 활용을 가능하게 하였다. 1977년 로널드 라이베스트Ron Rivest, 아디 샤미르Adi Shamir, 레오널드 애들먼Leonard Adleman의 연구에 의해 체계화되었으며, RSA라는 이름은 이들 3명의 이름 앞글자를 딴 것이다. 이 세 발명자는 이 공로로 2002년 튜링상을 수상했다.

RSA 암호제계의 안정성은 큰 숫자를 소인수분해하는 것이 어렵다는 것에 기반을 두고 있다. 그러므로 큰 수의 소인수분해를 획기적으로 빠르게 할 수 있는 알고리즘이 발견된다면 이 암호 체계는 가치가 떨어질 것이다.

RSA 암호화 알고리즘은 1983년에 발명자들이 소속되어 였던 매사추세츠 공과대학교MIT에 의해 미국에 특허로 등록되었고, 2000년 9 월 21일에 그 특허가 만료되었다.

RSA는 두 개의 키를 사용한다. 여기서 키란 메시지를 열고 잠그는 상수constant를 의미한다. 이 중 공개키public key는 모두에게 알려져 였으며, 메시지를 암호화encrypt하는데 쓰인다. 이렇게 암호화된 메시지는 개인키private key를 가진 자만이 복호화decrypt하여 열어볼 수 있다. 다시 말하면, 누구나 어떤 메시지를 암호화할 수 있지만, 그것을 해독하여 열람할 수 있는 사람은 개인키를 지닌 단 한 사람뿐인 것이다. RSA는 소인수분해의 난해함에 기반하여, 공개키만을 가지고는 개인키를 쉽게 짐작할 수 없도록 디자인되어 있다.

보다 이해하기 쉬운 예를 들자면, A라는 사람에게 B라는 사람이 메시지를 전하고자 할 때 B는 A의 열린 자물쇠를 들고 와 그의 메시지를 봉인하고, 그런 다음 A에게 전해 주면, 자물쇠의 열쇠를 가지고 있는 A가 그 메시지를 열어보는 식이 된다. 중간에 그 메시지를 가로채는 사람은 그 열쇠를 가지고 있지 않으므로 메시지를 열람할 수 없다. 그리고 RSA의 디자인 상, 그 열쇠는 자물쇠의 형태만 보고서는 쉽게 제작할 수가 없게 되어 있다.

❶ 상당히 큰 서로 다른 두 소수 p, q를 택한다.

❷ $m = pq$의 값을 계산한다.

❸ $\phi(m) = (p-1)(q-1)$를 구한다.

❹ $\phi(m)$보다 작고, $\gcd(e, \phi(m)) = 1$인 정수 e를 구한다.

❺ $\phi(m)$보다 작고, $ed \equiv 1 \pmod{\phi(m)}$인 정수 d를 구한다.

- A의 공개키: m, e
- A의 개인(비밀)키: d
- A는 m, e 만을 B 에게 공개하고, B는 이 공개키를 사용하여 자신 의 메시지를 암호화
- 여기서 p와 q의 보안은 매우 중요하다. 이를 가지고 d와 e의 계산이 가능하기 때문
- 공개키와 개인키가 생성이 된 후, 이 두 숫자 p와 q를 지워버리는 것이 안전

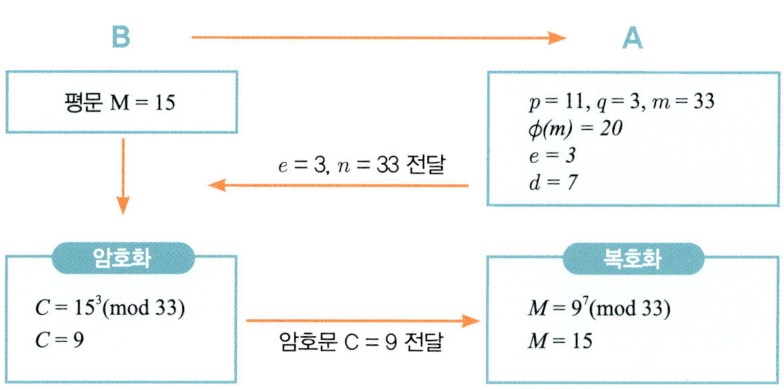

그림 2.5.3 RSA 암호 시스템의 기본 구조

RSA 암호 시스템을 파이썬으로 코딩하는데 필요한 수학적 계산에 대하여 알아보자.

3.1 b^e (mod m) 계산

$b^e \pmod m$ 계산을 빠르게 실행하는 방법에 대하여 예를 들어 알아보자.

$$\begin{aligned}
5^{52} \pmod 9 &\equiv 5^{(52\,\%\,2)\cdot 2^0} \times 5^{(26\,\%\,2)\cdot 2^1} \times 5^{(13\,\%\,2)\cdot 2^2} \times 5^{(6\,\%\,2)\cdot 2^3} \\
&\qquad \times 5^{(3\,\%\,2)\cdot 2^4} \times 5^{(1\,\%\,2)\cdot 2^5} \pmod 9 \\
&\equiv (5)^{(52\,\%\,2)} \times (5^2)^{(26\,\%\,2)} \times (5^4)^{(13\,\%\,2)} \times (5^8)^{(6\,\%\,2)} \\
&\qquad \times (5^{16})^{(3\,\%\,2)} \times (5^{32})^{(1\,\%\,2)} \pmod 9 \\
&\equiv \left(5^4 \pmod 9 \times 5^{16} \pmod 9 \times 5^{32} \pmod 9\right) \pmod 9 \\
&\equiv 4 \times 4 \times 7 \pmod 9 = 4
\end{aligned}$$

그리고

$$\begin{aligned}
5^2 \pmod 9 = 7 &\rightarrow 5^4 \pmod 9 = 7^2 \pmod 9 = 4 \\
&\rightarrow 5^8 \pmod 9 = 4^2 \pmod 9 = 7 \\
&\rightarrow 5^{16} \pmod 9 = 7^2 \pmod 9 = 4 \\
&\rightarrow 5^{32} \pmod 9 = 4^2 \pmod 9 = 7
\end{aligned}$$

b^e (mod m) 계산

```
# (b^e)

def fastExpMod(b, e, m):
    result = 1
    while e != 0:           # e & 1 == 1
        if e % 2 == 1:
            result = (result * b) % m
        e = e // 2          # e >>= 1; e >> n = [e / 2^n]
        b = (b*b) % m       # b, b^2, b^4, b^8, ... , b^(2^n)
    return result
```

```
>>> fastExpMod(5, 52, 9)
4
>>> fastExpMod(5, 1234567890123456789, 9)
8
```

RSA 구현하기

```
from gcd_lin import gcd_lin
from fastexpmod import fastExpMod
import random

p = int(input('소수를 넣어 주세요: '))
q = int(input('소수를 넣어 주세요: '))
m = input('메시지를 넣어 주세요: ')
n = p * q
phi_n = (p-1) * (q-1)

E =[]
for i in range(phi_n):
    (x, y, r) = gcd_lin(i, phi_n)
    if r == 1:
        E.append(i)

e = random.choice(E)
def encrypt():
   ct = []
    for i in range(0,len(m)):
        ct.append(m[i])
```

```
    for i in range(0,len(ct)):
        ct[i] = fastExpMod(ord(ct[i]), e, n)
    return ct

def decrypt():
    ct = encrypt()
    pt = []
    for i in range(0,len(ct)):
        pt.append(chr(fastExpMod(ct[i], d_key(p, q), n)))
    d_m = ''.join(pt)
    print(d_m)
def d_key(p, q):
    (x, y, r) = gcd_lin(e, phi_n)
    if x < 0:
        x = x + phi_n
    d = x
    return d
```

```
소수를 넣어 주세요:  991
소수를 넣어 주세요:  997
메시지를 넣어 주세요:  I  love  you
>>> encrypt()
[931163, 811538, 786337, 307833, 676809, 851913, 811538,
694085, 307833, 311346]
>>> decrypt()
I love you
```

3.2 밀러-라빈 소수 판별법

밀러-라빈 소수 판별법Miller-Rabin primality test은 주어진 수가 소수인지 확률적으로 판별해주는 알고리즘이다. 여기서 확률적이라는 것의 의미는 주어진 수가 '합성수이다' 또는 '아마도 소수일것이다'라는 판단을 한다는 것이다. 따라서 이 알고리즘은 합성수를 소수라고 잘못 판별할 수있다.

- n : 홀수인 소수
- $n-1=2^s d$, 여기서 s는 적당한 양의 정수이고 d는 적당한 홀수인 양의 정수이다.
- 페르마의 소정리(정리 5.1)에 의해서, 임의의 a $(1 \leq a < n)$에 대하여 다음을 얻는다.

$$a^{n-1} = a^{2^s d} \equiv 1 \pmod{n} \tag{5.3}$$

- 다음의 전개에 주목해보자.

$$\begin{aligned} a^{2^s d} - 1 &= \left(a^{2^{s-1}d}+1\right)\left(a^{2^{s-1}d}-1\right) \\ &= \left(a^{2^{s-1}d}+1\right)\left(a^{2^{s-2}d}+1\right)\left(a^{2^{s-2}d}-1\right) \\ &\cdots \\ &= \left(a^{2^{s-1}d}+1\right)\left(a^{2^{s-2}d}+1\right)\cdots\left(a^{d}+1\right)\left(a^{d}-1\right) \end{aligned}$$

- 식 (5.3) 에 의해서 다음을 얻는다.

$$n \mid \left(a^{2^{s-1}d}+1\right)\left(a^{2^{s-2}d}+1\right)\cdots\left(a^{d}+1\right)\left(a^{d}-1\right)$$

- 유클리드 보조정리(정리 3.2) 에 의해서, 다음의 합동관계 중 하나는 만족해야 한다.

  - $a^d \equiv 1 \pmod{n}$

  또는 적당한 r $(0 \leq r < s)$

  - $a^{2^r d} \equiv -1 \pmod{n}$

- 적당한 a $(1 \leq a < n)$에 대하여, 두 합동관계를 시험한다.

위 두 합동식 중 어느 하나를 만족할 때, n은 기저 a에 대해서 강한 아마도 소수strong probable prime to base a 라고 부른다. 합성수를 소수로 잘못 판단할 확률을 줄이고 싶다면, 최대한 많은 a에 대해 시험해야 한다.

예제 5.2

n = 221 인 경우를 생각해보자.

- $n-1=220=2^2\times 55,\ s=2,\ d=55,\ r=0,1$
- Choose $a=174$
  - $174^{55}\equiv 47\not\equiv 1 \pmod{221}$
  - $174^{55}\equiv 47\not\equiv -1 \pmod{221}$
  - $174^{2\times 55}=174^{110}\equiv 220\equiv -1 \pmod{221}$

  $\rightarrow$ 221은 기저 174 에 대해서 강한 아마도 소수이다.
- Choose $a=137$
  - $137^{55}\equiv 188\not\equiv 1 \pmod{221}$
  - $137^{55}\equiv 188\not\equiv -1 \pmod{221}$
  - $137^{2\times 55}=137^{110}\equiv 205\not\equiv -1 \pmod{221}$

  → 221은 기저 137 에 대해서 강한 아마도 소수가 아니다.
  221는 분명히 합성수 (definitely composite)이다. 그리고 137 은 221 의 합성수에 대한 증거라고 부른다 (137 is called a witness for the compositeness of 221)

밀러-라빈 소수 판별법

```
import random

def rabinMiller(n):
    assert n >= 2   # special case 2
    if n == 2:
        return True
    if n % 2 == 0:  # ensure n is odd
        return False
    # write n-1 as 2**s * d
    # repeatedly try to divide n-1 by 2, find d
    s = 0
    d = n-1
    while True:
        quotient, remainder = divmod(d, 2)
        if remainder == 1:
            break
        s += 1
        d = quotient
    assert(2**s * d == n-1)

    def try_composite(a):
        if pow(a, d, n) == 1:
            return False
        for i in range(s):
            if pow(a, 2**i * d, n) == n-1:
                return False
        return True # n is definitely composite
```

```
    for i in range(10):
        a = random.randrange(2, n)
        if try_composite(a):
            return False
    return True # no base tested showed n as composite
```

```
>>> rabinMiller(221)
False
>>> rabinMiller(991)
True
```

제 6 장

오일러 정리와 원시근

수학 이야기

01 오일러와 한붓그리기

그림 2.6.1 레온하르트 오일러 1707~1783

스위스 바젤에서 목사의 아들로 태어난 오일러Leonhard Euler는 천재 수학자로 유명했다. 사실 오일러는 목회자였던 아버지를 따라 목회자가 되기 위해 신학을 공부했다고 한다. 하지만 오일러는 곧 자신의 사명이 목회자의 길에 있지 않다는 사실을 알게 되고 어린 시절부터 흥미가 있던 수학의 길로 본격적으로 접어들었다.

물론 수학을 하면서도 신앙을 잃지는 않았는데 당시 프랑스에서 온 무신론 철학자 디드로가 하나님은 존재하지 않는다며 사람들에게 전하기 시작하자 오일러는 신의 존재를 수학적으로 증명하는 토론을 제의하며 디드로를 돌려보냈다는 이야기가 전해진다.

그의 천재성에 대해서는 다양한 일화가 많은데 제 5 장에서 다룬 페르마의 마지막 정리에서 n이 3인 경우에 대하여 증명한 사람이었고, 지금까지 난제로 남아 있는 골드바흐의 추측Goldbach's conjecture은 골드바흐와 오일러의 편지에서 시작되었다고 한다. 그리고 우리가 지금 사용하는 파이π 기호도 오일러가 처음 자신의 책에서 사용했다고 한다.

18세기 즈음 동프로이센에 쾨니히스베르크Königsberg라는 도시가 있었다. 당시 이 도시를 가

로질러 큰 강이 흐르고 있었는데 7개의 다리가 그 강 위에 있었다고 한다. 그런데 어느 날 한 시민이 '7개의 다리를 한 번씩만 건너서 다리를 건널 수 있을까?'라는 문제를 내걸었다고 한다. 재미있겠다고 생각한 사람들은 이 문제를 풀어보려 했지만 답을 찾을 수가 없었다. 이 문제는 독일 전역으로 퍼져 유명한 문제가 되었다.

그 무렵 오일러가 이 도시에 방문한다는 소식을 들은 사람들이 천재 수학자로 유명한 오일러에게 이 문제를 풀어달라고 모여들었다. 하지만 오일러는 곧 '이 문제는 풀 수 없다.' 며 간단하게 대답했다. 문제를 해결해줄거라 믿었던 사람들은 오일러에게 실망하고 말았는데 오일러는 자신의 말뜻이 잘 못 전달되었음을 깨닫고 설명을 덧붙였다.

'내가 이 문제를 못 풀겠다는 뜻이 아니라 누구도 풀 수 없는 답이 없는 문제이기 때문이다.' 라고 다시 대답하며 문제를 풀 수 없는 이유를 친절히 설명해주었다.

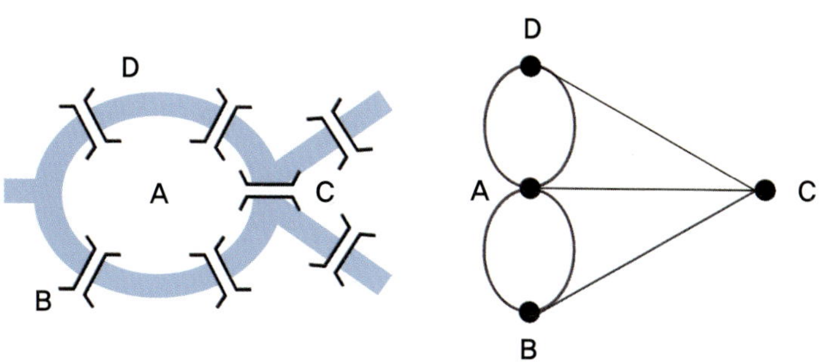

그림 2.6.2 오일러 한붓그리기

이 문제를 도형으로 표시하면 우측의 그림처럼 나타낼 수 있는데 같은 곳을 두 번 지나지 않고 붓을 떼지 않으면서 한 번에 그리는 한붓그리기 문제로 귀결된다.

그는 한붓그리기는 홀수점[선분이 만나는 개수가 홀수]이 없거나 2개일 때, 짝수점[선분이 만나는 개수가 짝수]일 때만 가능하는 것을 파악했다. 그리고 다음과 같은 정리를 제시했다.

① 모든 도형의 홀수점의 개수는 짝수 개이다.

② 도형의 모든 꼭짓점이 짝수 개이든가, 즉 홀수 점의 개수가 0이든가 또는 단 두 개의 홀수 점을 가지는 경우에만 한붓그리기가 가능하다.

즉, 짝수점만으로 만들어진 도형은 어디에서 출발하든지 제자리로 돌아오는 한붓그리기가 가능하다. 또한, 홀수점이 2개인 도형은 한쪽 홀수점에서 출발해서 나머지 홀수점으로 끝나는 한붓그리기가 가능하다. 하지만 이 홀수점에서 출발하지 않으면 한붓그리기는 불가능하다.

오일러의 한붓그리기는 교통공학, 컴퓨터 네트워크 등 다양한 분야에서 활용되고 있다.

</>

02 수론적 함수

정의 (수론적 함수) 자연수 전체집합 $\mathbb{N}$에서 정수 전체집합 $\mathbb{Z}$로의 함수 $f : \mathbb{N} \to \mathbb{Z}$를 수론적 함수Number-theoretic function라고 정의한다.

예제 6.1

양의 정수 n에 대하여 $\tau(n)$과 $\sigma(n)$을 각각 n의 양의 약수들의 개수와 양의 약수들의 총합으로 정의하면 이것들은 수론적 함수이다. 예를 들어, $\tau(12) = 6$이고 $\sigma(12) = 28$이다. 또한 $\tau(n) = 2$와 $\sigma(n) = n + 1$은 각각 n이 소수일 필요충분조건이 된다.

정리 6.1

양의 정수 n의 표준분해가 $n = p_1^{k_1} p_2^{k_2} \cdots p_r^{k_r}$일 때, 다음이 성립한다.

❶ 약수의 개수: $\tau(n) = (k_1 + 1)(k_2 + 1) \cdots (k_r + 1)$

❷ 약수의 총합:

$$\begin{aligned}\sigma(n) &= (1 + p_1 + p_1^2 + \cdots p_1^{k_1})(1 + p_2 + p_2^2 + \cdots p_2^{k_2}) \\ &\qquad \cdots (1 + p_r + p_r^2 + \cdots p_r^{k_r}) \\ &= \frac{p_1^{k_1+1} - 1}{p_1 - 1} \cdot \frac{p_2^{k_2+1} - 1}{p_2 - 1} \cdot \cdots \cdot \frac{p_r^{k_r+1} - 1}{p_r - 1} \\ &= \prod_{i=1}^{r} \frac{p_i^{k_i+1} - 1}{p_i - 1}\end{aligned}$$

예제 6.2

τ(720)과 σ(720)을 구하여라.

정의 수론적 함수 f가 서로 소인 두 수 m, n에 대하여

$$f(mn) = f(m)f(n)$$

을 만족할 때, 이 f를 곱셈적 함수multiplicative function라고 정의한다. 이때 $f(1) = 1$이다.

정리 6.2

수론적 함수 τ와 σ는 곱셈적 함수이다.

</>

03 오일러 ∅ 함수

정의 (오일러의 ϕ 함수) 양의 정수 n에 대하여, n이하의 양의 정수 중에서 n과 서로 소가 되는 정수의 개수를 $\phi(n)$으로 나타내고 이것을 오일러의 ϕ 함수^Euler ϕ-function^라고 한다.

예제 6.3

$\phi(1) = 1$, $\phi(2) = 1$, $\phi(3) = 2$, $\phi(4) = 2$, $\phi(6) = 2$, $\phi(30) = 8$.
특히, $\phi(n) = n - 1$이 될 필요충분조건은 n이 소수인 것이다.

정리 6.3

소수 p와 양의 정수 k에 대하여 다음이 성립한다.

$$\phi(p^k) = p^k - p^{k-1} = p^{k-1}(p-1)$$

증명을 간단히 살펴보면 다음과 같다.

- $\gcd(a, p^k) = 1 \iff \gcd(a, p) = 1 \iff p \nmid a$
- 1과 p^k 사이에 p 의 배수들은

$$p, \quad 2p, \quad 3p, \quad \ldots, \quad (p^{k-1})p$$

- p^k와 서로 소가 되는 것들은 $p^k - p^k - 1$개 있다. 따라서

$$\phi(p^k) = p^k - p^{k-1}$$

정리 6.4

오일러 함수 ϕ는 곱셈적 함수이다.

$\gcd(m,n)=1$일때, $\phi(m\cdot n)=\phi(m)\cdot\phi(n)$이 성립함을 보이면 된다.

증명을 간단히 살펴보면 다음과 같다.

- $m=1$ 또는 $n=1$: 당연하다.
- $m,\ n>1$:

$$\begin{array}{cccccc} 1 & 2 & \cdots & r & \cdots & m \\ m+1 & m+2 & \cdots & m+r & \cdots & 2m \\ 2m+1 & 2m+2 & \cdots & 2m+r & \cdots & 3m \\ & & \vdots & & \vdots & \\ (n-1)m+1 & (n-1)m+2 & \cdots & (n-1)m+r & \cdots & nm \end{array}$$

- 임의의 정수 a 에 대하여,

$$\gcd(mn,a)=1 \iff \gcd(m,a)=1=\gcd(n,a)=1$$

- $\gcd(r,m)=\gcd(qr+m,m)\rightarrow$ 위 m 개의 열 중 서로 소인 열의 개수: $\phi(m)$
- 각 열의 n개의 원소들은 어느 둘도 법 n으로 합동이 아님 → 이들은 법 n으로 0에서 $n-1$ 까지의 원소 중 하나와 합동: $\phi(n)$
  - $sm+r\equiv tm+r \pmod{n} \Longrightarrow n\mid m(s-t) \Longrightarrow n\mid(s-t)$. 따라서 $s=t$
  - $sm+r\equiv k\pmod{n}\ (0\le k\le n-1) \iff sm+r=nq+k,\ 0\le k<n$
  - $\gcd(sm+r,n)=\gcd(k,n),\ 0\le k\le n-1$
- $\phi(mn)=\phi(m)\cdot\phi(n)$

예제 6.4

$\phi(42)=\phi(6\cdot7)$을 정리 6.4의 증명과 같이 구하여라.

- 서로소인 열의 개수: $\phi(6)=2$
- 각 열의 7 개의 원소들은 어느 둘도 법 7으로 합동이 아니다. 이들은 법 7으로 0에서 6 까지의 원소 중 하나와 합동: $\phi(7)=6$

1	2	3	4	5	6
7	8	9	10	11	12
13	14	15	16	17	18
19	20	21	22	23	24
25	26	27	28	29	30
31	32	33	34	35	36
37	38	39	40	41	42

- $\phi(42) = \phi(6) \cdot \phi(7)$

정리 6.5

1보다 큰 정수 n의 소인수분해가 $n = p_1^{k_1} p_2^{k_2} \cdots p_r^{k_r}$ 이면

$$\begin{aligned}\phi(n) &= (p_1^{k_1} - p_1^{k_1-1})(p_2^{k_2} - p_2^{k_2-1}) \cdots (p_r^{k_r} - p_r^{k_r-1}) \\ &= n\left(1 - \frac{1}{p_1}\right)\left(1 - \frac{1}{p_2}\right) \cdots \left(1 - \frac{1}{p_r}\right)\end{aligned}$$

예제 6.5

$\phi(360)$을 구하라.

$$\begin{aligned}\phi(360) &= \phi(2^3 \cdot 3^2 \cdot 5) \\ &= 360\left(1 - \frac{1}{2}\right)\left(1 - \frac{1}{3}\right)\left(1 - \frac{1}{5}\right) \\ &= 360 \cdot \frac{1}{2} \cdot \frac{2}{3} \cdot \frac{4}{5} = 96\end{aligned}$$

오일러 $\phi(n)$

```
# 미리 만들어 놓은 sieve.py에서 sieve 함수 불러오기
from sieve import sieve
from functools import reduce

def Prime_Factors(n):
    Prime_List = sieve(n)

    F = []
    for p in Prime_List:
        m = 0
        while n % p == 0:
            n = n / p
            m = m + 1
        if m > 0:
            F.append(1 - (1 / p))
    return F

def Euler_Phi(n):
    if n == 1:
        return 1
    else:
        prime = Prime_Factors(n)
        return int(n * reduce(lambda x, y: x * y, prime))


>>> Euler_Phi(1)
1
>>> Euler_Phi(2160)
576
>>> Euler_Phi(120)
32
```

04 오일러 정리

정리 6.6

오일러 정리

n이 양의 정수이고 $\gcd(a, n) = 1$이면,

$$a^{\phi(n)} \equiv 1 \pmod n$$

증명을 간단히 살펴보면 다음과 같다.

- $n = 1$: 당연하다.
- $n > 1$:
  - $a_1, a_2, \ldots, a_{\phi(n)}$: n과 서로 소가 되는 n보다 작은 자연수들
  - $aa_1, aa_2, \ldots, aa_{\phi(n)}$들은 적당한 순서로 $a_1, a_2, \ldots, a_{\phi(n)}$들과 법 n으로 각각 합동이다.
  - $(aa_1)(aa_2)\cdots(aa_{\phi(n)}) \equiv a_1a_2\cdots a_{\phi(n)} \pmod n$
- $a^{\phi(n)}(a_1a_2\cdots a_{\phi(n)}) \equiv a_1a_2\cdots a_{\phi(n)} \pmod n$
- $a^{\phi(n)} \equiv 1 \pmod n$

</>

05 원시근

정의 (위수) 양의 정수 m $(m \geq 2)$과 $\gcd(a, m) = 1$인 정수 a에 대하여

$$a^r \equiv 1 \pmod{m}$$

인 가장 작은 양의 정수 r를 법 m에 관한 a의 위수[order]라 하고 이를 $r = \text{ord}_m\, a$로 나타낸다.

위수와 관련하여 다음을 알 수 있다.

- $a^k \equiv 1 \pmod{m}$ for $k \geq 0 \Longrightarrow r \mid k$
- $r \mid \phi(m)$
- $a^i \equiv a^j \pmod{m} \Longleftrightarrow r \mid (i-j) \Longleftrightarrow i \equiv j \pmod{r}$
- 양의 정수 k 에 대하여, $\text{ord}_m\, a^k = \dfrac{r}{\gcd(k, r)}$
- $\text{ord}_m\, a^k = r \Longleftrightarrow \gcd(k, r) = 1$

예제 6.6

법 13에 관한 2의 위수를 구하여라.

- $\phi(13) = 12$
- $r \mid 12$, r 은 2 의 위수
- $2^2 \equiv 4,\ 2^3 \equiv 8,\ 2^4 \equiv 3,\ 2^6 \equiv 12,\ 2^{12} \equiv 1 \pmod{13}$

정의 (원시근) 양의 정수 $m \geq 2$에 대하여

$$\gcd(g, m) = 1, \quad \mathrm{ord}_m\, g = \phi(m)$$

인 g가 존재할 때, g를 법 m에 관한 원시근primitive root이라고 한다.

- g : 법 m에 관한 원시근이면 다음을 알 수 있다.
  - $g^i \not\equiv 1 \pmod{m}\ 1 \leq i < \phi(m)$
  - $g^{\phi(m)} \equiv 1 \pmod{m}$

예제 6.7

$\mathbb{Z}_7^* = \{1, 2, 3, 4, 5, 6\}$

- $\phi(7) = 6$
- 각 원소에 대한 위수를 찾아보면 다음과 같다.

a	1	2	3	4	5	6
ord_7	1	3	6	3	6	2

- 법 7에 관한 원시근은 3과 5뿐이다.

예제 6.8

$\mathbb{Z}_{15}^* = \{1, 2, 4, 7, 8, 11, 13, 14\}$

- $\phi(15) = 8$
- 각 원소에 대한 위수를 찾아보면 다음과 같다.

a	1	2	4	7	8	11	13	14
ord_7	1	4	2	4	4	2	4	2

- 법 15에 관한 원시근은 없다.

정리 6.7

만일 법 m에 관한 원시근을 가지면, 정확히 $\phi(\phi(m))$개 가진다.

정리 6.8

p가 홀수인 소수일 때, $p-1$ 의 각 양의 약수 d에 대하여 법 p에 관한 위수 d인 정수가 $\mathbb{Z}_p^*$안에 꼭 $\phi(d)$개 존재한다. 특히, 법 p에 관한 원시근은 $\mathbb{Z}_p^*$안에 꼭 $\phi(p-1)$개 존재한다.

예제 6.9

$\mathbb{Z}_{11}^* = \{1, 2, 3, 4, 5, 6, 7, 8, 9, 10\}$

- $\phi(11) = 10$
- $\phi(10) = 4$
- 각 원소에 대한 위수를 찾아보면 다음과 같다.

위수 d	원소	$\phi(d)$
1	1	1
2	10	1
5	$4, 5, 9, 3$	4
10	$2, 8, 7, 6$	4

- 법 11에 관한 원시근은 4개이다: $\phi(\phi(11)) = 4$

정리 6.9

양의 정수 m $(m \geq 2)$이 다음과 같은 꼴의 정수일 때 그리고 이때에만 법 m에 관한 원시근이 존재한다.

$$2,\ 4,\ p^k,\ 2p^k\ (p \text{ 는 홀수인 소수},\ k \geq 1)$$

정리 6.10

정수 m $(m \geq 3)$ 에 대하여 정수 a가 다음 두 조건을 만족시킬 때, a는 법 m에 관한 원시근이다.

- $\gcd(a, m) = 1$
- $\phi(m)$ 의 모든 소인수 q 에 대하여, $a^{\frac{\phi(m)}{q}} \not\equiv 1 \pmod{m}$

원시근

```
def gcd(a,b):
    if b == 0:
        return a
    else:
        return gcd(b, a % b)

def fastExpMod(b, e, m):
    result = 1
    while e != 0:           # e & 1 == 1
        if e % 2 == 1:
            result = (result * b) % m
        e = e // 2          # e >>= 1; e >> n = [e / 2^n]
        b = (b*b) % m       # b, b^2, b^4, b^8, ... , b^(2^n)
    return result

def prim_roots(n):
    roots = []
    U = []          # set(U) = {m : gcd(m, n) = 1, 0 < m < n}
    for num in range(1, n):
        if gcd(num, n) == 1:
```

```
            U.append(num)

    for g in range(1, n):
        P = []    # set(P) = {g^power : 0 < power < n}
        for power in range(1, n):
            P.append(fastExpMod(g, power, n))
            if set(U) == set(P):
                roots.append(g)

    return sorted(set(roots))
```

```
>>> prim_roots(15)
[]
>>> prim_roots(11)
[2, 6, 7, 8]
>>> prim_roots(2**4)
[]
>>> prim_roots(3**4)
[2, 5, 11, 14, 20, 23, 29, 32, 38, 41, 47, 50, 56, 59, 65, 68,
74, 77]
>>> prim_roots(2*(3**4))
[5, 11, 23, 29, 41, 47, 59, 65, 77, 83, 95, 101, 113, 119,
131, 137, 149, 155]
```

암호학에서 원시근과 이산로그는 중요한 역할을 한다.

정의 (이산로그) 법 $m(\geq 3)$ 에 관한 원시근 g가 존재할 때, $\gcd(a, m) = 1$ 인 정수 a에 대하여

$$a \equiv g^i \pmod{m}, \quad 0 \leq i < \phi(m)$$

인 정수 i를 법 m에 관한(g를 밑으로 가지는) a의 이산로그discrete logarithm 또는 지수index라 하고 이것을 $\text{ind}_g\, a$로 나타낸다. 즉,

$$i = \text{ind}_g\, a \iff a \equiv g^i \pmod{m},\ \ 0 \le i < \phi(m)$$

이산 로그 문제Discrete Logarithm Problem, DLP는 $g^i \equiv a \pmod{m}$를 계산하는 것은 쉽지만 $i = \log_g a$를 만족하는 i를 구하기는 어렵다는 것에서 나온 문제이다. 즉, $0 \le i < \phi(m)$에 대하여

$$\text{주어진 } g, i, m \xrightarrow{\text{쉽다}} a \equiv g^i \pmod{m}$$

$$i = \text{ind}_g\, a \xleftarrow[\text{어렵다}]{} \text{주어진 } g, i, m$$

예제 6.10

3은 법 7에 관한 원시근이다.

$$\begin{aligned}
3^0 &\equiv 1 \pmod 7 \iff \text{ind}_3\, 1 = 0 \\
3^1 &\equiv 3 \pmod 7 \iff \text{ind}_3\, 3 = 1 \\
3^2 &\equiv 2 \pmod 7 \iff \text{ind}_3\, 2 = 2 \\
3^3 &\equiv 6 \pmod 7 \iff \text{ind}_3\, 6 = 3 \\
3^4 &\equiv 4 \pmod 7 \iff \text{ind}_3\, 4 = 4 \\
3^5 &\equiv 5 \pmod 7 \iff \text{ind}_3\, 5 = 5
\end{aligned}$$

정리 6.11

법 $m\ (\ge 3)$ 에 관한 원시근 g 가 존재할 때,

$$\gcd(a, m) = 1,\ \ \gcd(b, m) = 1$$

인 정수 a, b 에 대하여 다음이 성립한다.

1. $\mathrm{ind}_g\, 1 = 0, \quad \mathrm{ind}_g\, g = 1$
1. $a \equiv b \pmod{m} \iff \mathrm{ind}_g\, a = \mathrm{ind}_g\, b$
1. $\mathrm{ind}_g\, ab \equiv \mathrm{ind}_g\, a + \mathrm{ind}_g\, b \pmod{\phi(m)}$
1. $\mathrm{ind}_g\, a^n \equiv n\, \mathrm{ind}_g\, a \pmod{\phi(m)}$

정리 6.11 에서 ab, a^n 의 계산을 할 경우에는 $(\mathrm{mod}\ m)$에 관하여 계산하는 반면, $\mathrm{ind}_g\, a + \mathrm{ind}_g\, b$, $n\ \mathrm{ind}_g\, a$를 계산할 때에는 $(\mathrm{mod}\ \phi(m))$에 관하여 계산한다는 사실에 주의해야 한다.

예제 6.11

다음은 법 11 에 관한 2 를 밑으로 가지는 이산로그표이다.

a	1	2	3	4	5	6	7	8	9	10
$\mathrm{ind}_2\, a$	0	1	8	2	4	9	7	3	6	5

- $\mathrm{ind}_2\, 10 = 5 \iff 10 \equiv 2^5 \pmod{11}$
- $\mathrm{ind}_2\, 56 = \mathrm{ind}_2\, 1 = 0,\ 56 \equiv 1 \pmod{11}$
- $\mathrm{ind}_2\, 56 = \mathrm{ind}_2\, 7 \cdot 8 \equiv \mathrm{ind}_2\, 7 + \mathrm{ind}_2\, 8 = 7 + 3 \equiv 0 \pmod{10}$
- $\mathrm{ind}_2\, 9 = \mathrm{ind}_2\, 3^2 \equiv 2\, \mathrm{ind}_2\, 3 = 2 \cdot 8 = 16 \equiv 6 \pmod{10}$

이산로그

```
from primitive import prim_roots
from fastexpmod import fastExpMod
from phi import Euler_Phi
```

```
def power_results(n, i):
    g = prim_roots(n)[i]
    L = []
    for power in range(0, Euler_Phi(n)):
        L.append(fastExpMod(g, power, n))
    return L, g

def ind(n, i):
    roots = prim_roots(n)
    if len(roots) >= 1 and i < len(roots):
        L, g = power_results(n, i)
        P = sorted(L)
        I = []
        for i in P:
            I.append(L.index(i))
        print('      a : {}'.format(P))
        print('ind_{} a: {}'.format(g, I))
    else:
        return False


>>> ind(10, 0)
      a : [1, 3, 7, 9]
ind_3 a: [0, 1, 3, 2]
>>> ind(11, 0)
      a : [1, 2, 3, 4, 5, 6, 7, 8, 9, 10]
ind_2 a: [0, 1, 8, 2, 4, 9, 7, 3, 6, 5]
>>> ind(11, 1)
      a : [1, 2, 3, 4, 5, 6, 7, 8, 9, 10]
```

```
ind_6 a: [0, 9, 2, 8, 6, 1, 3, 7, 4, 5]
>>> ind(11, 2)
     a : [1, 2, 3, 4, 5, 6, 7, 8, 9, 10]
ind_7 a: [0, 3, 4, 6, 2, 7, 1, 9, 8, 5]
>>> ind(11, 3)
     a : [1, 2, 3, 4, 5, 6, 7, 8, 9, 10]
ind_8 a: [0, 7, 6, 4, 8, 3, 9, 1, 2, 5]
>>> ind(11, 4)
False
>>> ind(15, 0)
False
```

제 7 장

암호체계

수학 이야기

01 <황금 풍뎅이> 속 치환암호

추리소설의 대가 에드거 앨런 포Edgar Allan Poe, 1809~1849가 1843년 발표한 단편소설인 〈황금 풍뎅이The Gold-Bug〉는 암호학이라는 생소한 분야를 많은 사람에게 대중적으로 알린 작품이다.

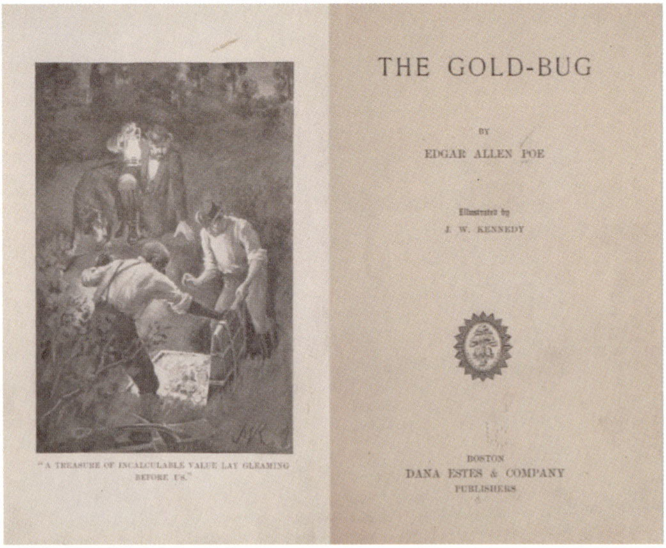

그림 2.7.1 〈황금 풍뎅이〉

〈황금 풍뎅이〉는 윌리엄 레그랜드와 그의 친구, 그리고 윌리엄 레그랜드의 하인 주피터와 함께 해적 캡틴 키드가 남긴 암호문을 해석하면서 해적이 숨겨놓은 보물을 찾는 내용이다.

이 책에서는 윌리엄 레그랜드가 암호가 적힌 양피지를 발견하고 이를 해독하는 과정이 나온다. 이 암호는 글자 빈도를 분석하면 풀 수 있는 치환 암호로 이루어져 있다.

53‡‡†305))6*;4826)4‡.)4‡);806*;48†8
¶60))85;;]8*;:‡*8†83(88)5*†;46(;88*96
?;8)‡(;485);5*†2:*‡(;4956*2(5*—4)8
¶8*;4069285);)6†8)4‡‡;1(‡9;48081;8:8‡
1;48†85;4)485†528806*81(‡9;48;(88;4
(‡?34;48)4‡;161;:188;‡?;

53‡‡†305))6*;4826)4‡.)4‡);806*;48†8
agoodglassinthebishopshostelinthede
¶60))85;;]8*;:‡*8†83(88)5*†;46(;88*96
vilsseattwentyonedegreesandthirteenmi
?;8)‡(;485);5*†2:*‡(;4956*2(5*—4)8
nutesnortheastandbynorthmainbranchse
¶8*;4069285);)6†8)4‡‡;1(‡9;48081;8:8‡
venthlimbeastsideshootfromthelefteyeo
1;48†85;4)485†528806*81(‡9;48;(88;4
fthedeathsheadabeelinefromthetreeth
(‡?34;48)4‡;161;:188;‡?;
roughtheshotfiftyfeetout

그림 2.7.2 〈황금 풍뎅이〉 속 암호문 해독

이 암호문을 해독하면 우측의 그림과 같다. 이 우측에 있는 영어 단어들의 대소문자를 구분하고 띄어쓰기를 한 후 국문으로 변환하면 아래와 같은 문장이 된다.

'악마의 자리에 있는 비숍의 여관에서 좋은 유리 하나
북북서로 21도 37분
나무 주지의 일곱 번째 가지 동편 망자의 머리통 왼쪽 눈으로
다림추를 늘어뜨려 나무에서 지면까지 수직거리 50피트'

결국 윌리엄 레그랜드와 그의 친구들은 보물을 찾을 수 있었을까? 그 결말은 〈황금 풍뎅이〉에서 확인해보자.

</>

02 비밀키 암호화 방식

평문 작성에 쓰인 문자의 종류에 따라 문자 전체의 집합은 적당한 집합

$$\mathbb{Z}_m = \{0, 1, 2, \cdots, m-1\}$$

과 일대일로 대응한다. 따라서 비밀열쇠 암호제계는 다음과 같이 단순화 된다.

- 비밀 열쇠: K
- 암호화 함수: $E_K : \mathbb{Z}_m \to \mathbb{Z}_m$
- 복호화 함수: $D_K : \mathbb{Z}_m \to \mathbb{Z}_m$
- D_K는 E_K의 역함수

2.1 평행이동 암호화

$\mathbb{Z}_m$에서, 각 $k \in \mathbb{Z}_m$에 대하여

- 열쇠 $K = k$
- 암호화 함수: $E_K : \mathbb{Z}_m \to \mathbb{Z}_m,\ E_K(x) = x + k$
- 복호화 함수: $D_K : \mathbb{Z}_m \to \mathbb{Z}_m,\ D_K(x) = x - k$

열쇠 전체 개수는 m개 이다.

```python
import random

def key_gen(n):
    return random.randint(0,n)

def caesar(p, n):
    p = list(p)
    for i in range(len(p)):
        if p[i].isupper():
            p[i] = chr((ord(p[i]) - 65 + n) % 26 + 65)
        elif p[i].islower():
            p[i] = chr((ord(p[i]) - 97 + n) % 26 + 97)
    return "".join(p)

def decrypt(key, c):
    return caesar(c, -key)

m = input("Enter message: ")
key = key_gen(26)
print(key)
c = caesar(m, key)
print('Encrypted_msg: ', c)
d = decrypt(key, c)
print('Decrypted_msg: ', d)
```

```
Enter message: Make a stick that is 7 times ...
15
Encrypted_msg:  Bpzt p hixrz iwpi xh 7 ixbth ...
Decrypted_msg:  Make a stick that is 7 times ...
```

2.2 아핀(affine) 암호화

$\mathbb{Z}_m$에서, 두 원소 $a \in \mathbb{Z}_m^*,\ b \in \mathbb{Z}_m$에 대하여

- 열쇠 $K = (a, b)$
- 암호화 함수: $E_K : \mathbb{Z}_m \to \mathbb{Z}_m,\ E_K(x) = ax + b$
- 복호화 함수: $D_K : \mathbb{Z}_m \to \mathbb{Z}_m,\ D_K(x) = a^{-1}(x - b)$

여기서, $\mathbb{Z}_m^* = \{a \in \mathbb{Z}_m : \gcd(a, m) = 1\}$는 군^group^이고, E_K는 $\mathbb{Z}_m$ 위의 아핀변환^affine transformation^이다. 평행이동 암호문은 아핀 암호문의 일종으로 볼 수 였다. 열쇠 전체 개수는 $\phi(m) \cdot m$이다.

아핀(affine) 암호체계

```
import random

def key_gen(m):
    s = random.randint(0,m)
    E = []
    for i in range(1, m):
        (x, y, r) = gcd_lin(i, m)
        if r == 1:
            E.append(i)
    e = random.choice(E)
    return e, s

def gcd_lin(a, b):
    s0, s1 = 1, 0
    t0, t1 = 0, 1
    while b !=0:
```

```
        q, a, b = a // b, b, a % b
        s0, s1 = s1, s0 - q * s1
        t0, t1 = t1, t0 - q * t1
    return (s0, t0, a)

def mod_inv(a, m):
  (x, y, r) = gcd_lin(a, m)
  if r!= 1:
    return None
  else:
    return x % m

def encrypt(text, key):
    E = []
    for t in text:
        e=((key[0]*(ord(t)-65)+key[1])%26)+65
        E.append(chr(e))
    return ''.join(E)

def decrypt(cipher, key):
    D = []
    for c in cipher:
        d=((mod_inv(key[0], 26)*(ord(c)-65-key[1]))%26)+65
        D.append(chr(d))
    return ''.join(D)

m = input("Enter message: ")
key = key_gen(26)
print(key)
```

```
enc_text = encrypt(m, key)
print('Encrypted Text: {}'.format(enc_text))
print('Decrypted Text: {}'.format(decrypt(enc_text, key) ))
```

```
Enter message: MATHEMATICS
(15, 3)
Encrypted Text: BDCELBDCTHN
Decrypted Text: MATHEMATICS
```

2.3 대치 암호화

$\mathbb{Z}_m$에서, $\mathbb{Z}_m$ 위의 치환[permutation] σ에 대하여

- 열쇠 $K = \sigma$
- 암호화 함수: $E_K : \mathbb{Z}_m \to \mathbb{Z}_m,\ E_K(x) = \sigma(x)$
- 복호화 함수: $D_K : \mathbb{Z}_m \to \mathbb{Z}_m,\ D_K(x) = \sigma^{-1}(x)$

여기서, $\sigma : \mathbb{Z}_m \to \mathbb{Z}_m$ 일대일 대응

$$\sigma = \begin{pmatrix} 0 & 1 & \cdots & m-1 \\ \sigma(0) & \sigma(1) & \cdots & \sigma(m-1) \end{pmatrix}$$

열쇠 전체 개수는 $m!$ 이다.

대치 암호체계

```
import random
```

```
def key_gen():
    return random.sample(range(26),26)

def inv_key():
    inv = []
    for i in range(min(key),max(key)+1,1):
        inv.append(key.index(i))
    return inv

def encrypt(key, m):
    P = []
    C = []
    for i in range(len(m)):
        P.append(ord(m[i]))
        C.append(key[P[i]-65] % 26 + 65)

    cipher_text = []
    for j in range(len(m)):
        cipher_text.append(chr(C[j]))
    return "".join(cipher_text)

def decrypt(key, c):
    E = []
    D = []
    for i in range(len(m)):
        E.append(ord(c[i]))
        D.append(inv_key()[E[i]-65]%26 + 65)

    decrypt_text = []
    for j in range(len(m)):
        decrypt_text.append(chr(D[j]))
    return "".join(decrypt_text)
```

```
m = input("Message: ")
key = key_gen()
print("Key:", key)
c = encrypt(key, m)
print('Encrypted_msg: ', c)
d = decrypt(key, c)
print('Decrypted_msg: ', d)
```

```
Message: FRACTIONOPERATION
Key: [21, 3, 18, 2, 11, 10, 8, 4, 22, 16, 20, 19, 5, 12, 23, 24,
17, 1, 13, 6, 9, 14, 0, 15, 7, 25]
Encrypted_msg:  KBVSGWXMXYLBVGWXM
Decrypted_msg:  FRACTIONOPERATION
```

2.4 비즈네르(Vigenere) 암호화

양의 정수 n 과 임의의 $(k_1, \cdots, k_n) \in \mathbb{Z}_m^n = \underbrace{\mathbb{Z}_m \times \cdots \times \mathbb{Z}_m}_{n-times}$ 에 대하여

- 열쇠 $K = (k_1, \cdots, k_n)$
- 암호화 함수: $E_K : \mathbb{Z}_m^n \to \mathbb{Z}_m^n$,

$$E_K(x_1, \cdots, x_n) = (x_1 + k_1, \cdots, x_n + k_n)$$

- 복호화 함수: $D_K : \mathbb{Z}_m^n \to \mathbb{Z}_m^n$,

$$D_K(x_1, \cdots, x_n) = (x_1 - k_1, \cdots, x_n - k_n)$$

열쇠 전체 개수는 m^n 이다. 1863년 프리드리히 카시스키[Friedrich Kasiski]에 의하여 안전하지 못하다는 사실이 밝혀졌다.

```
import random
import numpy as np
from functools import reduce

def key_gen():
    key = []
    for i in range(len(m)):
        key.append(random.sample(range(65,91),1))
    return list(reduce(lambda x, y: x + y, key))
def encrypt(P,key):
    global C
    C = []
    for x, y in zip(P, key):
        if x + y <= 90:
            C.append(x+y)
        else:
            C.append((x+y)%26 + 65)
    return C

def vigenere(m, key):
    cipher_text = []
    P = []
    for i in range(len(m)):
        P.append(ord(m[i]))
    C = encrypt(P,key)
    for j in range(len(m)):
        cipher_text.append(chr(C[j]))
    return "".join(cipher_text)
```

```
def decrypt(C, key):
    D = []
    for x, y in zip(C, key):
        if x - y >= 65:
            D.append(x-y)
        else:
            D.append((x-y)%26 + 65)
    decrypt_text = []
    for i in range(len(D)):
        decrypt_text.append(chr(D[i]))
    return "".join(decrypt_text)

m = input("Message: ")
key = key_gen()
print("Key:", key)
cipher_text = vigenere(m, key)
print('Encrypted_msg: ', cipher_text)

Message = decrypt(C, key)
print('Decrypted_msg: ', Message)
```

```
Message: FRACTIONOPERATION
Key: [81, 71, 82, 68, 85, 77, 72, 76, 84, 77, 77, 71, 68, 80, 81, 73,
77]
Encrypted_msg:  VXRFNUVYHBQXDIYWZ
Decrypted_msg:  FRACTIONOPERATION
```

2.5 치환 암호화

양의 정수 n 과 $X_n = \{1, 2, \cdots, n\}$ 위의 임의의 σ에 대하여

- 열쇠 $K = \sigma$
- 암호화 함수: $E_K : \mathbb{Z}_m^n \to \mathbb{Z}_m^n$,

$$E_K(x_1, \cdots, x_n) = (x_{\sigma(1)} \cdots, x_{\sigma(n)})$$

- 복호화 함수: $D_K : \mathbb{Z}_m^n \to \mathbb{Z}_m^n$,

$$D_K(x_1, \cdots, x_n) = (x_{\sigma^{-1}(1)}, \cdots, x_{\sigma^{-1}(n)})$$

열쇠 전체 개수는 $n!$개이다.

```
import random

def key_gen(n):
    return random.sample(range(n),n)

def encrypt(key, m):
    c = ""
    for i in range(0, (len(key)-len(m)%len(key))%len(key)):
        m = m + "X"
    for i in range(0, len(m), len(key)):
        for j in key:
            c = c + m[i+j]
        c = c + ""
    return c

def decrypt(key, c):
    return encrypt(inv_key(key), c)

def inv_key(key):
```

```
    inv = []
    for i in range(min(key),max(key)+1,1):
        inv.append(key.index(i))
    return inv

m = input("Message: ")
n = int(input("Permu: "))
key = key_gen(n)
print("Key:", key)
cipher_text = encrypt(key, m)
print('Encrypted_msg: ', cipher_text)

c = encrypt(key, m)
Message = decrypt(key, c)

M = []
for i in range(len(Message)):
    M.append(Message[i])
del M[len(m):]
print('Decrypted_msg: ', "".join(M))
```

```
Message: MATHEMATICS
Permu: 4
Key: [2, 0, 1, 3]
Encrypted_msg: TMAHAEMTSICX
Decrypted_msg: MATHEMATICS

Message: MATHEMATICS
Permu: 11
Key: [6, 5, 3, 7, 1, 2, 8, 4, 10, 9, 0]
Encrypted_msg: AMHTATIESCM
Decrypted_msg: MATHEMATICS
```

2.6 Pohlig-Hellman 암호화

정리 7.1

p가 홀수인 소수일 때, $\gcd(e, p-1)=1$ 인 정수 e 에 대하여 d 를 $ed \equiv 1 \pmod{p-1}$, $1 \le d < p-1$ 인 정수라고 하면 두 함수

$$E : \mathbb{Z}_p \to \mathbb{Z}_p, \quad E(x) = x^e$$

$$D : \mathbb{Z}_p \to \mathbb{Z}_p, \quad D(x) = x^d$$

는 일대일 대응이고 또 $E^{-1} = D,\ D^{-1} = E$ 이다.

증명을 간단하게 살펴보면 다음과 같다.

- d의 존재: $\gcd(e, p-1) = 1 \mid 1$
- $a(\neq 0) \in \mathbb{Z}_p$, $\gcd(a, p) = 1 \Longrightarrow a^{p-1} \equiv 1 \pmod{p}$
- 적당한 0이 아닌 정수 k에 대하여, $ed = (p-1)k + 1$
- $(a^e)^d \equiv a^{ed} \equiv a^{(p-1)k+1} = 1^k a \equiv a \pmod{p}$
- $0^{ed} = 0 \equiv 0 \pmod{p}$

  $\rightarrow$ 임의의 $a \in \mathbb{Z}_p$에 대하여, $D(E(a)) = a$

❶ 송신자는 적당한 홀수인 소수 p를 택하고

$$\gcd(e, p-1) = 1, \quad 1 \le e < p-1$$

인 정수 e를 택하여 p의 값과 비밀 열쇠 e를 수신자에게 보낸다.

❷ p가 n자리 일 때, 정수 a(← 평문)를 $n-1$ 이하인 블록으로 나눈다(앞 부분에 0을 허용하여). 이 때, 필요하다면 평문에 적당한 문자를 첨가한다.

$$a = \underbrace{\bigcirc\cdots\bigcirc}_{a_1} \vdots \underbrace{\bigcirc\cdots\bigcirc}_{a_2} \vdots \cdots \vdots \underbrace{\bigcirc\cdots\bigcirc}_{a_k}$$

❸ 송신자는 함수

$$E_K : \mathbb{Z}_p \to \mathbb{Z}_p, \quad E_K(x) = x^e$$

를 이용하여 각 a_i에 대하여 $E_K(a_i) = b_i$를 구한 다음에 $b_1, b_2, \cdots, b_k$를 차례대로 연이어 늘어 놓아 정수 b를 수신자에게 보낸다.

4. 수신자는 $ed \equiv 1 \pmod{p-1}$, $1 \le d < p-1$인 정수 d를 구하고

$$D_K : \mathbb{Z}_p \to \mathbb{Z}_p, \quad D_K(x) = x^d$$

를 이용하여 각 b_i에 대하여 $D_K(b_i) = a_i$를 구한 다음에 $a_1, a_2, \cdots, a_k$를 차례대로 연이어 늘어 놓아 정수 a를 구하고 이에 대응하는 평문을 찾는다.

```
import random
from fastexpmod import fastExpMod
from gcd_lin import gcd_lin

p = int(input('2보다 큰 소수를 넣어 주세요: '))
phi_p = (p-1)

E =[]
for i in range(phi_p):
    (x, y, r) = gcd_lin(i, phi_p)
    if r == 1:
        E.append(i)

e = random.choice(E)

def encrypt():
    ct = []
    for i in range(0,len(m)):
        ct.append(m[i])
    for i in range(0,len(ct)):
```

```
        ct[i] = fastExpMod(ord(ct[i]), e, p)
    return ct

def decrypt():
    pt = []
    for i in range(0,len(ct)):
        pt.append(fastExpMod(ct[i], d_key(), p))
    for i in range(0,len(pt)):
        pt[i] = chr(pt[i])
    return pt

def d_key():
    (x, y, r) = gcd_lin(e, phi_p)
    if x < 0:
        x = x + phi_p
    d = x
    return d

m=input("Enter message: ")
ct = encrypt()
print("Encrypted Maessage: ",ct)
pt = decrypt()
d_m =''.join(pt)
print("Decryted Message: ",d_m)
```

```
2보다 큰 소수를 넣어 주세요:  4578971
Enter message: I love you
Encrypted Maessage: [1209499, 1618689, 3006630, 3455564, 1677036,
2521077, 1618689, 3115728, 3455564, 1184946]
Decryted Message:   I love you
```

2.7 Hill 암호화

양의 정수 n 과 $\mathbb{Z}_m$ 위의 n차 정사각행렬 K 에 대하여

- 열쇠: K
- 암호화 함수: $E_K : \mathbb{Z}_m^n \to \mathbb{Z}_m^n,\ E_K(x_1, \cdots, x_n) = (y_1, \cdots, y_n)$

$$\begin{bmatrix} y_1 \\ y_2 \\ \vdots \\ y_n \end{bmatrix} = K \begin{bmatrix} x_1 \\ x_2 \\ \vdots \\ x_n \end{bmatrix}$$

- 복호화 함수: $D_K : \mathbb{Z}_m^n \to \mathbb{Z}_m^n,\ D_K(x_1, \cdots, x_n) = (y_1, \cdots, y_n)$

$$\begin{bmatrix} y_1 \\ y_2 \\ \vdots \\ y_n \end{bmatrix} = K^{-1} \begin{bmatrix} x_1 \\ x_2 \\ \vdots \\ x_n \end{bmatrix}$$

여기서, K^{-1} 는 K의 역행렬이다.

열쇠 전체의 개수는 $\mathbb{Z}_m$ 위의 n차의 정칙행렬[invertible matrix]의 개수이다.

Hill 암호체계

```
import numpy as np

def key_matrix(key):
    m = np.full((3,3),0)
    for i in range(3):
        for j in range(3):
            m[i][j] = ord(key[3*i+j]) % 65   # A: 65
    return m
```

```
def inv_key_matrix(K):
    det = int(np.linalg.det(K))
    det_mult_inv = pow(det, -1, 26)
    K_inv = np.full((3,3),0)
    for i in range(3):
        for j in range(3):
            Mij = K
            Mij = np.delete(Mij, (i), axis=0)
            Mij = np.delete(Mij, (j), axis=1)
            M_det = Mij[0][0]*Mij[1][1] - Mij[0][1]*Mij[1][0]
            K_inv[j][i] = (det_mult_inv * pow(-1,i+j) * M_det) % 26
    return K_inv

# C = P*K mod 26
def encrypt(P, K):
    C = np.dot(P,K) % 26
    return C

def Hill(message, K):
    cipher_text = []
    for i in range(0,len(message), 3):
        P=[0, 0, 0]
        for j in range(3):
            P[j] = ord(message[i+j]) % 65
        C = encrypt(P,K)
        for j in range(3):
            cipher_text.append(chr(C[j] + 65))
    return "".join(cipher_text)

# Message: 3의배수 필요하다면 character 추가 (예) MATHEMATICSX
# key: 9개의 character <-- 3x3 invertible matrix
```

```
# (예) key: BDYEZDYEB  <-- [[1,3,24],[4,25,3],[24,4,1]]
m = input("Message : ")
key = input("Key: ")
K = key_matrix(key)
print(K)

# 암호화
# C = P * K mod 26
cipher_text = Hill(m, K)
print('Encrypted_msg: ', cipher_text)

# 복호화
# P = C * K^-1 mod 26
K_inv = inv_key_matrix(K)
Message = Hill(cipher_text, K_inv)
print('Decrypted_msg: ', Message)
```

```
Message : ILOVEYOUMIJUNGX
Key: BDYEZDYEB
[[ 1 3 24]
 [ 4 25  3]
 [24  4  1]]
Encrypted_msg:  YRFPZUSSSERFRVP
Decrypted_msg: ILOVEYOUMIJUNGX
```

03 공개키 암호화 방식

3.1 Diffie-Hellman 키 교환

대칭키 암호화[symmetric encryption] 방식은 송수신자 모두 동일한 키[key]로 메시지를 암호화하고, 암호화된 메시지를 복호화 한다. 그러므로 키가 외부에 노출되지 않도록 조심해야 한다. Diffie–Hellman 의 알고리즘은 1976년 휫필드 디피[Whitfield Diffie]와 마틴 헬만[Martin Hellman]이 개발한 공개키 알고리즘이다. 암호화와 복호화 알고리즘이 아니라 단지 키의 분배와 교환을 위한 알고리즘이다.

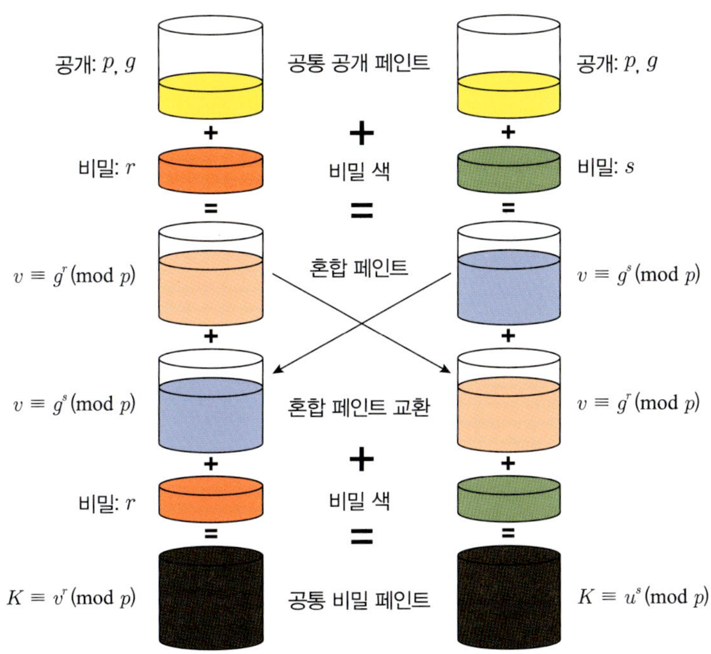

그림 2.7.3 Diffie–Hellman 키 교환 아이디어

❶ 상당히 큰 소수 p와 법 p에 관한 원시근 g $(2 \le g \le p-1)$ 를 선택하여 p와 g를 공개한다.

❷ 사용자 A는 $2 \le r \le p-1$인 정수 r를 임의로 택하여

$$u \equiv g^r \pmod p, \quad 1 \le u \le p-1$$

인 정수 u를 구하고 이 값을 B에게 보낸다.

❸ 사용자 B는 $2 \le s \le p-1$인 정수 s를 임의로 택하여

$$v \equiv g^s \pmod p, \quad 1 \le v \le p-1$$

인 정수 v를 구하고 이 값을 A에게 보낸다.

❹ 사용자 A는 $K \equiv v^r \pmod p$, $1 \le K \le p-1$ 인 정수 K를 구하여 K를 열쇠로 사용한다.

❺ 사용자 B는 $K \equiv u^s \pmod p$, $1 \le K \le p-1$인 정수 K를 구하여 K를 열쇠로 사용한다.

여기서

$$v^r \equiv (g^s)^r \equiv g^{sr} \equiv (g^r)^s \equiv u^s \pmod p$$

예제 7.1

(1) A와 B는 $p = 23$, $g = 5$ 를 사용하기로 합의

(2) A는 $r = 6$을 선택 B에게 $u \equiv g^r \pmod p$ 보낸다.

- $u \equiv 5^6 \pmod{23}$
- $u \equiv 15,625 \pmod{23}$
- $u = 8$

(3) B는 $s = 15$ 을 선택 A에게 $v \equiv g^s \pmod p$ 보낸다.

- $v \equiv 5^{15} \pmod{23}$
- $v \equiv 30,517,578,125 \pmod{23}$
- $v = 19$

(4) A는 $K \equiv v^r \pmod{p}$을 계산한다.

- $K \equiv 19^6 \pmod{23}$
- $K \equiv 47,045,881 \pmod{23}$
- $K = 2$

(5) B는 $K \equiv u^s \pmod{p}$을 계산한다.

- $K \equiv 8^{15} \pmod{23}$
- $K \equiv 35,184,372,088,832 \pmod{23}$
- $K = 2$

```
from fastexpmod import fastExpMod
# 공개
p = int(input('소수를 넣어 주세요: '))
q = int(input('원시근를 넣어 주세요: '))
# A
print("*** A의 작업 ***")
r = int(input('2이상이고 {}보다 작은 양수를 넣어 주세요: '.format(p)))
u = fastExpMod(q, r, p)
print('send {} to B'.format(u))
print("=" * 5)
# B
print("*** B의 작업 ***")
s = int(input('2이상이고 {}보다 작은 양수를 넣어 주세요: '.format(p)))
v = fastExpMod(q, s, p)
print('send {} to A'.format(v))
print("=" * 5)
# A
K = fastExpMod(v, r, p)
```

```
# B
K = fastExpMod(u, s, p)
print('common key: {}'.format(K))
```

```
소수를 넣어 주세요:  23
원시근를 넣어 주세요:  5
*** A의 작업 ***
2이상이고 23보다 작은 양수를 넣어 주세요:  6
send 8 to B
=====
*** B의 작업 ***
2이상이고 23보다 작은 양수를 넣어 주세요:  15
send 19 to A
=====
common key: 2
```

3.2 RSA 암호화

❶ 상당히 큰 서로 다른 두 소수 p, q를 택한다.

❷ $m = pq$의 값을 계산한다.

❸ $\phi(m) = (p-1)(q-1)$를 구한다.

❹ $\phi(m)$보다 작고, $\gcd(e, \phi(m)) = 1$인 정수 e를 구한다.

❺ $\phi(m)$보다 작고, $ed \equiv 1 \pmod{\phi(m)}$인 정수 d를 구한다.

- A의 공개키: m, e
- A의 개인(비밀)키: d
- A는 m, e 만을 B에게 공개하고, B는 이 공개키를 사용하여 자신 의 메시지를 암호화
- 여기서 p와 q의 보안은 매우 중요하다. 이를 가지고 d와 e의 계산이 가능하기 때문

- 공개키와 개인키가 생성이 된 후, 이 두 숫자 p와 q를 지워버리는 것이 안전

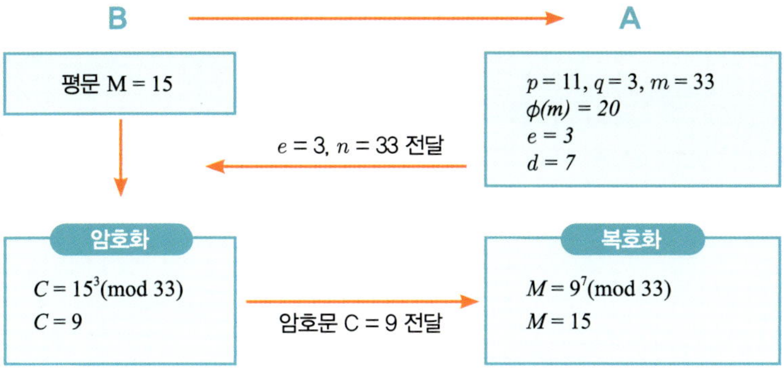

그림 2.7.4 RSA 암호 시스템

RSA 암호시스템

```
from tkinter import *
import random

_mrpt_num_trials = 10     # number of bases to test
keysize = 32
G_result = []

def fastExpMod(b, e, m):
    result = 1
    while e != 0:           # e & 1 == 1
        if e % 2 == 1:
            result = (result * b) % m
        e = e // 2          # e >>= 1; e >> n = [e / 2^n]
        b = (b*b) % m       # b, b^2, b^4, b^8, ... , b^(2^n)
    return result

def rabinMiller(n):
    assert n >= 2    # special case 2
```

```
    if n == 2:
        return True
    if n % 2 == 0:  # ensure n is odd
        return False
    s = 0
    d = n-1
    while True:
        quotient, remainder = divmod(d, 2)
        if remainder == 1:
            break
        s += 1
        d = quotient
    assert(2**s * d == n-1)
    def try_composite(a):
        if pow(a, d, n) == 1:
            return False
        for i in range(s):
            if pow(a, 2**i * d, n) == n-1:
                return False
        return True # n is definitely composite
    for i in range(_mrpt_num_trials):
        a = random.randrange(2, n)
        if try_composite(a):
            return False
    return True # no base tested showed n as composite

def isPrime(num):
    if (num < 2):
        return False
    lowPrimes = [2, 3, 5, 7, 11, 13, 17, 19, 23, 29, 31, 37,
```

```
    41, 43, 47, 53, 59, 61, 67, 71, 73, 79, 83, 89, 97, 101,
    103, 107, 109, 113, 127, 131, 137, 139, 149, 151, 157,
    163, 167, 173, 179, 181, 191, 193, 197, 199, 211, 223,
    227, 229, 233, 239, 241, 251, 257, 263, 269, 271, 277,
    281, 283, 293, 307, 311, 313, 317, 331, 337, 347, 349,
    353, 359, 367, 373, 379, 383, 389, 397, 401, 409, 419,
    421, 431, 433, 439, 443, 449, 457, 461, 463, 467, 479,
    487, 491, 499, 503, 509, 521, 523, 541, 547, 557, 563,
    569, 571, 577, 587, 593, 599, 601, 607, 613, 617, 619,
    631, 641, 643, 647, 653, 659, 661, 673, 677, 683, 691,
    701, 709, 719, 727, 733, 739, 743, 751, 757, 761, 769,
    773, 787, 797, 809, 811, 821, 823, 827, 829, 839, 853,
    857, 859, 863, 877, 881, 883, 887, 907, 911, 919, 929,
    937, 941, 947, 953, 967, 971, 977, 983, 991, 997]

    if num in lowPrimes:
        return True
    for prime in lowPrimes:
        if (num % prime == 0):
            return False

    # If all else fails, call rabinMiller() to determine if
    # num is a prime.
    return rabinMiller(num)

def findPrime(keysize):
    # Return a random prime number of keysize bits in size.
    while True:
        num = random.randrange(2**(keysize-1), 2**(keysize))
```

```
        if isPrime(num):
            return num

def gcd_lin(a, b):
    s0, s1 = 1, 0
    t0, t1 = 0, 1
    while b !=0:
        q, a, b = a // b, b, a % b
        s0, s1 = s1, s0 - q * s1
        t0, t1 = t1, t0 - q * t1
    return (s0, t0, a)

def selectE(fn, keysize):
    while True:
        e = random.randrange(2**(keysize-1), 2**(keysize))
        (x, y, r) = gcd_lin(e, fn)
        if r == 1:
            return e

def computeD(fn, e):
    (x, y, r) = gcd_lin(fn, e)
    if y < 0:
        return fn + y
    return y

def RandomKey():
    p = findPrime(keysize/2)
    q = findPrime(keysize/2)
    n = p * q
    fn = (p-1) * (q-1)
    e = selectE(fn, keysize/2)
    d = computeD(fn, e)
```

```
    # return (n, e, d)
    N.set(n)
    E.set(e)
    D.set(d)

def encrypt():
    global G_result
    result = []
    for char in plaintext.get():
        result.append(fastExpMod(ord(char), int(E.get()),
                                              int(N.get())))
    cyphertext.set(result)
    G_result = result

def decrypt():
    global G_result
    result = ''
    for c in G_result:
        result += (chr(fastExpMod(c, int(D.get()),
                                              int(N.get()))))
    decyphertext.set(result)

root = Tk()
root.title("RSA - python")
root.geometry('700x170')
Label(root,text="RSA - python").pack()
fm1 = Frame(root)
fm2 = Frame(root)
fm3 = Frame(root)
fm4 = Frame(root)
fm5 = Frame(root)
```

```
fm6 = Frame(root)

Label(fm1, text="n: ").pack(side=LEFT)
N = StringVar()
Entry(fm1, textvariable=N, width=20).pack(side=LEFT)

Label(fm1, text="e: ").pack(side=LEFT)
E = StringVar()
Entry(fm1, textvariable=E, width=20).pack(side=LEFT)

Label(fm1, text="d: ").pack(side=LEFT)
D = StringVar()
Entry(fm1, textvariable=D, width=20).pack(side=LEFT)

Button(fm2, text="키생성", fg="blue",bd=2,width=20,
       command=RandomKey).pack()

Label(fm3, width=10, text="평문: ").pack(side=LEFT)
plaintext = StringVar()
Entry(fm3, width=80, textvariable=plaintext).pack(side=LEFT)

Label(fm4, width=10, text="암호문: ").pack(side=LEFT)
cyphertext = StringVar()
Entry(fm4, width=80, textvariable=cyphertext).pack(side=LEFT)

Label(fm5, width=10, text="복호문: ").pack(side=LEFT)
decyphertext = StringVar()
Entry(fm5, width=80, textvariable=decyphertext).pack(side=LEFT)
```

```
Button(fm6, text="암호화", fg="blue",bd=2,width=20,
        command=encrypt).pack(side=LEFT)
Button(fm6, text="복호화", fg="blue",bd=2,width=20,
        command=decrypt).pack(side=LEFT)

fm1.pack()
fm2.pack()
fm3.pack()
fm4.pack()
fm5.pack()
fm6.pack()

root.mainloop()
```

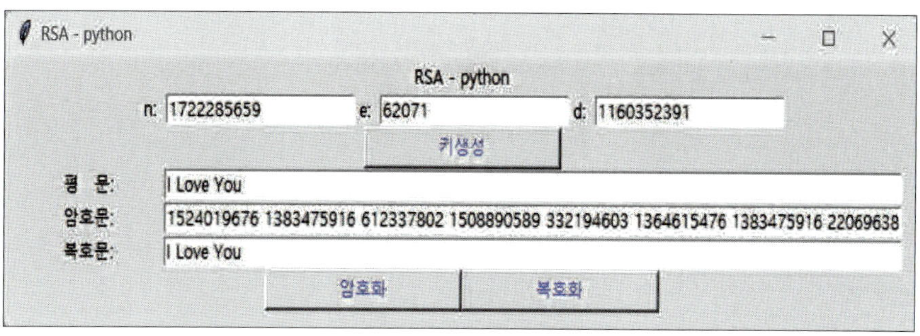

그림 2.7.5 RSA 암호 시스템

3.3 ElGamal 암호화

홀수인 소수 p에 대하여 $g\ (2 \le g \le p-1)$를 p에 관한 원시근이라고 하면, 체 $\mathbb{Z}_p = \{0, 1, \cdots, p-1\}$에서 다음이 성립한다.

$$\mathbb{Z}_p^* = \{1, \cdots, p-1\} = \{g^0, g^1, \cdots, g^{p-2}\},\ g^{p-1} = 1,\ g^{-1} = g^{p-2}$$

정리 7.2

p가 홀수인 소수일 때, 체 $\mathbb{Z}_p$에서 $g \in \mathbb{Z}_p^*$가 법 p에 관한 원시근이면 임의의 원소 $g^r, g^s \in \mathbb{Z}_p^*$에 대하여 두 함수

$$E : \mathbb{Z}_p^* \to \{g^s\} \times \mathbb{Z}_p^*,\ \ E(x) = (g^s, xg^{rs})$$
$$D : \{g^s\} \times \mathbb{Z}_p^* \to \mathbb{Z}_p^*,\ \ D(g^s, x) = (g^s)^{-r}x$$

는 일대일 대응이고 또 $E^{-1} = D,\ D^{-1} = E$이다.

ElGamal 암호체계 B → A

키 생성: A

- 충분히 큰 소수 p와 $\mathbb{Z}_p^*$의 생성원 g 선택
- 비밀키(개인키): 임의의 r 선택, $r \in [2, p-2]$
- 공개키: $(p,\ g,\ d = g^r \pmod p)$

암호화: B

- 임의의 s 선택, $s \in [2, p-2]$
- $E_K(m) = (g^s \pmod p),\ m\,d^s \pmod p)) = (b_1, b_2)$

복호화: A

- 주어진 암호문 (b_1, b_2)에서, b_1^{-r} 계산
- 평문 복구 $m = D_K(b_1, b_2) = b_1^{-r} b_2$

공개된 d의 값을 이용하여 비밀 열쇠 r $(2 \le r \le p-2)$를 구하는 것은 이산로그 문제로서 이 문제를 해결하는 일은 상당히 어렵다. 또한 서로 다를 두 평문 a_1, a_2 를 암호화할 때 동일한 s를 사용하는 경우

$$E_K(a_1) = (b_1, b_2),\ \ E_K(a_2) = (c_1, c_2)$$

이면, $b_2 = a_1 d^s$, $c_2 = a_2 d^s$이므로 체 $\mathbb{Z}_p^*$에서 다음이 성립한다.

$$b_2 c_2^{-1} = a_1 a_2^{-1},\ \text{즉}\ a_2 = a_1 b_2^{-1} c_2$$

예제 7.2

소수 $p = 17$에 대하여 $g = 6$은 법 p에 관한 원시근이고, $r = 5$을 택하면 $d \equiv g^r \equiv 6^5 \equiv 7 \pmod{17}$이다. 그리고 $s = 10$를 택하는 경우에, 평문 $m = 13$에 대하여 다음이 성립한다.

$$b_1 \equiv g^s \equiv 6^{10} \equiv 15 \pmod{17},$$
$$b_2 \equiv md^s \equiv 13 \cdot 7^{10} \equiv 9 \pmod{17}$$
$$b_1^{-r} \equiv 15^{-5} \equiv 15^{11} \equiv 9 \pmod{17}$$
$$b_1^{-r} b_2 \equiv 9 \cdot 9 \equiv 13 \equiv m \pmod{17}$$

ElGamal 암호체계

```
import random
from fastexpmod import fastExpMod
from gcd_lin import gcd_lin
                              # B ---> A
p=1013                        # prime
g=18                          # primitive root
r = random.randint(2,p-1)    # A의 Private Key

def encryption():
    ct = []
    s = random.randint(2,p-1)
    d = fastExpMod(g, r, p)   # Public Key: p, g, d
    b1 = fastExpMod(g, s, p)
```

```
    for i in range(0,len(m)):
        ct.append(m[i])
    for i in range(0,len(ct)):
        ct[i] = (ord(ct[i]) * (d**s)) % p
    return b1, ct

def decryption(r):
    pt = []
    h = fastExpMod(b1, r, p)
    (x, y, r) = gcd_lin(h, p)
    if x < 0:
        x = p + x
    for i in range(0,len(ct)):
        pt.append(chr(ct[i]*x % p))
    return pt

m=input("Enter message: ")
b1, ct = encryption()
print("Encrypted Maessage: ",ct)
pt = decryption(r)
d_m=''.join(pt)
print("Decryted Message: ",d_m)
```

```
Enter message: I love you
Encrypted Maessage: [378, 582, 698, 436, 500, 634, 582, 238,
436, 925]
Decryted Message:   I love you
```

참고 문헌

- 그림 1.1.1~1.1.14: Visual Studio Code
- 그림 1.1.15~1.1.19: Google Colaboratory
- 그림 1.1.20~1.1.35: Anaconda
- 그림 1.2.1, 1.2.5, 1.2.14, 1.2.15, 1.5.1, 2.4.1: flaticon
- 그림 1.2.16: 네이버 영어사전
- 그림 2.1.1: Britannica, Euclid. https://www.britannica.com/ biography/Euclid-Greek-mathematician
- 그림 2.2.4: https://gongdoligeca.tistory.com/46
- 그림 2.2.5와 예제 3.2: 공립 초등학교 교사 임용후보자 선정경쟁시험
- 그림 2.3.1: Story of Mathematics. https://www.storyofmathe matics.com/ hellenistic_diophantus.html/
- 그림 2.3.2: 국립중앙과학관, 과학학습콘텐츠. https://smart.scien ce.go.kr/scienceSubject/maths/view.action?menuCd=DOM_000000101001006000&subject_sid=289
- 그림 2.4.2와 그림 2.4.3: https://ko.wikipedia.org/wiki/국제_상품_번호
- 그림 2.4.6: https://en.wikipedia.org/wiki/ISSN
- 그림 2.5.1: Britannica, Pierre de Fermat. https://www.brit annica.com/biography/Pierre-de-Fermat
- 그림 2.5.2: Nishantzworld, LearnNBlog: Fermat's Last Theorem. https://nishantzworld.blogspot.com/2016/03/ learnnblog-fermats-last-theorem.html
- 그림 2.6.1: Wikipedia, Eratosthenes. https://en.wikipedia. org/wiki/Eratosthenes
- 그림 2.7.1: 최성우, 수학자 오일러와 한붓그리기, The Science Times. https://www.sciencetimes.co.kr/news/%EC%88%98 %ED95%99%EC%9E%90-%EC%98%A4%EC%9D%BC%EB%9F%AC%EC%99%80-%ED%95%9C%EB%B6%93%EA%B7%B8%EB%A6%AC%EA%B8%B0/
- 그림 2.7.3과 예제 7.1: https://en.wikipedia.org/wiki/Diffie-Hellman_key_exchange
- 그림 2.8.1: The Public Domain Review, Edgar Allan Poe's "The Gold-Bug" 1843. https://publicdomainreview.org/ collection/edgar-allan-poes-the-gold-bug-1843

- 예제 5.2: https://en.wikipedia.org/wiki/Miller%E2%80%93Rabin_primality_test
- 강명해·강지나·김미혜·송석준, 페르마 최후정리의 역사와 증명에 대한 소고, 교육과학연구 백록논총, 112, 269-296.
- 교육부, 초등수학교과서, 천재교육, 2015.
- 교육부. 초등수학교과서 서울: 천재교육, 2015.
- 김응태·박승안, 정수론 재5판, 경문사, 2004.
- 김해규·최근배·현종익, 초등학교 교사를 위한 수학 기초론, 교우사, 2009.
- 국립중앙과학관, 과학학습콘텐츠, 곱셈을 쉽게 하는 네이피어 막대. https://smart.science.go.kr/scienceSubject/maths/view. action?menuCd=DOM_000000101001006000&subject_sid=295
- 국립중앙과학관, 과학학습콘텐츠, 유클리드 원론. https://smart. science.go.kr/scienceSubject/maths/view.action?menuCd=&subject_sid=303
- 김종영, 에라토스테네스가 만든 소인수 분해, 자음과모음, 2008.
- 김중명, 수학왕 가우스의 황금정리, 지브레인, 2019.
- 다나카 카즈나리, 수학으로 배우는 파이썬, 영진닷컴, 2019.
- 문현일, 혼자 공부하는 첫 프로그래밍 with 파이썬, 한빛미디어, 2021.
- 미타니 마사아키·사토 신이치, 만화로 쉽게 배우는 암호, 성안당, 2018.
- 박윤경·송향란, 페르마: 수학을 놀이처럼 즐겨라, 살림어린이, 2008.
- 박응용, Do it! 점프 투 파이썬, 이지스퍼블리싱, 2019.
- 박승안, 대수학과 암호학, 경문사, 1999.
- 박태진, 기원전, 앉아서 지구 둘레를 잰 사람, 교육부 공식 블로그, 2011. https://if-blog.tistory.com/1244
- 송륜진, 디오판토스가 들려주는 일차방정식 이야기, 자음과모음, 2008.
- 엘리스 코딩, Do it! 첫 파이썬 - 게임하듯 배우는 나의 첫 프로그래밍 책, 이지스퍼블리싱, 2023.
- 우정호, 학교 수학의 교육적 기초, 서울대학교출판부, 2006.
- 이장우, 현대집합론의 원리, 경문사, 1983.
- 임근빈·임동만·강동승, 알기 쉬운 정수론, 경문사, 2022.
- 이주향, 계산기 없이도 두 자릿수 곱셈 척척… 우리 전통의 문살 곱셈법 놀이해 보세요, 한국일보, https://www.hankookilbo. com/News/Read/201502121546005198

• 자넷 베시너·베라 플리스, 암호 수학, 지브레인, 2017.
• 장경윤·강현영·김동원·안재만·이동환·홍은지·이미영·김민정·송은영·하승수·지영명·구나영, 중학교 수학 3 지도서, 지학사, 2019.
• 정동균, 첫 코딩 – 보통 사람이 알아야 할 프로그래밍 기초, 이지스퍼블리싱, 2023.
• 정완상, 유클리드가 들려주는 기하학 이야기, 자음과모음, 2010.
• 조덕영, 현대수학의 개척자 오일러의 신앙, 크리스천투데이. https://www.christiantoday.co.kr/news/322818
• 줄리 스웨이, 파이썬 코딩 0교시, 프리렉, 2021.
• 한국정보통신기술협회. 정보통신용어사전. 데이터. https://terms.tta.or.kr/dictionary/dictionaryView.do?word_seq=040241-2
• Cameron P. J., Combinatorics: Topics, Techniques, Algorithms, Cambridge Univ. Press, 1994.
• Gallian J. A., Contemporary Abstract Algebra 4th ed., Houghton Mifflin Company, Boston, 1998.
• https://wwwmayr.in.tum.de/konferenzen/Jass05/courses/1/presentations/Meier%20Andreas%20The%20ElGamal%20Cryptosystem.pdf
• https://github.com/kitctf/writeups/blob/master/bkp2015/wood_island/exploit.py
• https://ko.wikipedia.org/wiki/
• http://www.shadyzoz.com/2015/05/31/python-tkinter RSAepx2/
• https://github.com/ShadyZOZ/course/tree/master/cryptography/rsa

21세기 패러다임을 이끌 인재양성을 위한 기초 교양도서

기초 정수론과 파이썬

인쇄 : 2023년 9월 18일 초판 1쇄
발행 : 2023년 9월 26일 초판 1쇄

저자 : 최근배, 최은선, 박남제

발행인 : 송준
발행처 : 도서출판 홍릉

주 소 : 서울시 강북구 인수봉로 50길 10
전 화 : 02-999-2274~5 **팩 스** : 02-905-6729
e-mail : hongpub@hongpub.co.kr
홈페이지 : www.hongpub.co.kr

편집 진행 : 앤미디어(master@nmediabook.com) | **전산 편집** : 앤미디어 | **표지** : 앤미디어

ISBN : 979-11-5600-133-1(03000)
정 가 : 22,000원

파본이나 잘못된 책은 교환하여 드립니다.